Freiheit des Subjekts und Organisation von Herrschaft

BEIHEFTE ZU „DER STAAT"

Zeitschrift für Staatslehre und Verfassungsgeschichte,
deutsches und europäisches öffentliches Recht

Heft 17

Freiheit des Subjekts und Organisation von Herrschaft

Symposium zu Ehren
von Ernst-Wolfgang Böckenförde
anläßlich seines 75. Geburtstages
(23. und 24. September 2005)

Herausgegeben von

Christoph Enders und Johannes Masing

Duncker & Humblot · Berlin

Bibliografische Information der Deutschen Nationalbibliothek

Die Deutsche Nationalbibliothek verzeichnet diese Publikation in der Deutschen Nationalbibliografie; detaillierte bibliografische Daten sind im Internet über http://dnb.d-nb.de abrufbar.

Fremddatenübernahme und Druck:
Berliner Buchdruckerei Union GmbH, Berlin
Printed in Germany

ISSN 0720-6828
ISBN 3-428-12277-1
978-3-428-12277-6

Gedruckt auf alterungsbeständigem (säurefreiem) Papier
entsprechend ISO 9706 ♾

Internet: http://www.duncker-humblot.de

Vorwort der Herausgeber

Die Freiheit des Subjekts wird in einer gängigen Wahrnehmung zunächst immer als negative Freiheit des einzelnen von fremdbestimmten Bindungen aufgefaßt. In der Tat müßte heute jeder Versuch einer Begriffsbestimmung unvollkommen erscheinen, der diese negative Seite der individuellen Freiheit nicht aufnehmen wollte. Ob der negativen Freiheit genüge getan ist, muß darum Prüfstein einer jeden Ordnung menschlichen Zusammenlebens sein – seit den Tagen der revolutionären Erklärungen der Menschen – und Bürgerrechte suchen dies mit deren Anerkennung alle freiheitlichen Verfassungen dauerhaft zu gewährleisten.

Gleichzeitig hat sich in der abendländischen Geistesgeschichte die Einsicht eingestellt, daß diese Freiheit der Organisation bedarf, um überhaupt realisiert werden zu können. Schon Immanuel Kant hat darum die negative Freiheit als unselbständigen Aspekt einer darüber hinausgehenden Autonomie des Subjekts gekennzeichnet, nach der dieses Subjekt sich am Gedanken der vernünftigen Selbstbestimmung orientiert und dabei auch den möglichen Standpunkt der anderen in seine Überlegungen einbezieht. Es entscheidet nicht für sich allein, sondern zugleich in Verantwortlichkeit gegenüber einem ideellen Ganzen. Individuelle Freiheit und organisierte Herrschaft sind also nicht zwangsläufig Widersprüche, solange nur die Herrschaftsorganisation auf die Erfordernisse der Freiheitsentfaltung hinreichend Bedacht nimmt. Eine in diesem Sinne spezifische Organisationsform subjektiver Freiheit ist insbesondere die Demokratie, die die freie Selbstbestimmung als Mitbestimmung im und über das Gemeinwesen deutet und zum zentralen politischen Legitimationsprinzip erklärt. Gerade der Blick auf das demokratische Prinzip zeigt freilich auch: Beide Linien, die der negativen Alleinstellung aus Freiheit und der positiven Organisation von Freiheit laufen nicht immer wie von selbst aufeinander zu, sondern stehen in einem latenten Spannungsverhältnis. Nicht umsonst ist nach der Verfassung des Grundgesetzes auch der demokratisch legitimierte Gesetzgeber an die Freiheitsgarantien der Grundrechte gebunden. Die Entscheidung der Mehrheit könnte sonst zu schnell und rücksichtslos über die Freiheit der Minderheit hinweggehen.

Beide Pole begrifflich überzeugend in ein Verhältnis zu setzen und damit auch der politischen Entwicklung den Weg zu weisen, bleibt so eine dauerhaft der Wissenschaft gestellte Aufgabe. Sie anzunehmen und zu bewältigen, war von Anfang an ein Anliegen Ernst-Wolfgang Böckenfördes, der diesem Unternehmen mit seinem Wirken wichtige Impulse vermittelt hat und vermittelt. Ihn zu ehren sind aus Anlaß seines 75. Geburtstags am 23./ 24. September 2005 in Freiburg i.Br. seine Schülerinnen und Schüler zusammengekommen und haben gemeinsam mit dem akademischen Lehrer das für Theorie und Praxis gleichermaßen schwierige wie grundlegende Verhältnis von Freiheit des Subjekts und Organisation von Herrschaft diskutiert. Im vertrauten Kreis und in der vertrauten Form wissenschaftlichen Gesprächs knüpfte so das Kolloquium, ausgehend von Referaten, an alte Diskussionen und gemeinsame Seminare an. Nicht eine feststehende Antwort eint dabei die Schülerschar und zeichnet sie als solche aus. Die Vorträge, die im Verlauf des wissenschaftlichen Kolloquiums gehalten wurden und die im folgenden gesammelt sind, weisen demgemäß unterschiedliche Akzentsetzungen bei der Behandlung der Problematik auf und machen durchweg persönlich definierte Positionen geltend. Die Fragestellung aber hat ihre Wurzeln unzweifelhaft in der frühen wissenschaftlichen Prägung durch Ernst-Wolfgang Böckenförde. Und die stete Anstrengung des Begriffs im Bemühen, der Sache auf den Grund zu gehen, läßt die Bedeutung dieser Prägung und die bleibende Verbundenheit mit dem akademischen Lehrer erkennen. Die Herausgeber, die die Tagung organisiert haben, schließen sich dem Dank und der Wertschätzung an, wie sie mit den wissenschaftlichen Beiträgen in Vorträgen wie Diskussion zum Ausdruck gebracht wurden und freuen sich, hier in Gestalt der Schriftfassung der Vorträge einen Ertrag des Kolloquiums mit der freundlichen Unterstützung des Duncker & Humblot Verlages der Öffentlichkeit präsentieren zu können.

Im Mai 2006

Christoph Enders, Leipzig
Johannes Masing, Augsburg

Inhaltsverzeichnis

Welche Freiheit des Subjekts?

Freiheit, Pluralismus und die Grenzen der Begründung

Von Dirk Lüddecke, München

Welche Freiheit des Subjekts? Diese Frage habe ich mir gestellt, als ich das Thema unseres Kolloquiums: „Freiheit des Subjekts und Organisation von Herrschaft“ zum ersten Mal gelesen habe. Und es ist diese Frage, die ich auch hier an den Anfang stellen will und nach besten Kräften einer Antwort näher zu bringen versuche.*

Eine Frage zu stellen, ist dabei ja selbst schon ein Akt der Befreiung; ist Unterbrechung der Routine im Denken, Sprechen und Handeln, und es markiert einen Anfang. Es ermöglicht ein reflektierendes Freiwerden von der vermeintlichen Selbstverständlichkeit dieses so vertrauten, immer schon verstandenen Begriffs der Freiheit – eines immer schon verstandenen Begriffs freilich, der gleichwohl immer ein Rätsel bleiben wird. Und ich füge hinzu: der zum Glück ein Rätsel bleiben wird. Denn es erscheint mir mehr als zweifelhaft, daß unser endgültiges Wissen darum, was Freiheit ist und was nicht, uns zuletzt auch freier machen würde – jedenfalls nach den Maßstäben philosophischer Weltweisheit geurteilt. Anders gesagt: Daß die Wahrheit frei macht (insbesondere die Wahrheit über die Freiheit), ist eine religiöse Verheißung. Ebensowenig ist es philosophisch evident, daß Freiheit notwendig zur Wahrheit führt. *John Stuart Mill* hat in seinem berühmten *Essay on Liberty* dafür argumentiert, daß Gedankenfreiheit und Freiheit zum Meinungsaustausch uns im Laufe der Zeit der Wahrheit näherbringen werden[1]. Das ist zwar möglich, aber nicht notwendig. Daß der freie Gebrauch der Vernunft alle Menschen einigt und nicht trennt, weil dieselbe Vernunft allen Menschen gemeinsam ist und ihr Gebrauch zur Wahrheit führt und die Wahrheit eine ist, nur der Irrtum aber mannigfaltig, das ist nicht mehr als ein utopischer Glaube eines jeden philosophischen Rationalismus[2]. Was ich damit nur andeuten möchte, ist, wie tiefgreifend der Pluralismus – wie ich ihn verstehe – ist, von dem noch die Rede sein wird.

---

* Elemente konzeptioneller Mündlichkeit der Vortragsform blieben teilweise erhalten. Anregungen und Kritik aus der Diskussion sind zum Teil im Text, zum Teil in den Fußnoten aufgegriffen worden.

1 Vgl. u. a. *John Stuart Mill,* Über die Freiheit, hrsg. von Schlenke (Nachdruck), 1988, S. 31 f.

Ich werde mich im folgenden auf *einen* Problemkomplex der Freiheit konzentrieren. In seinem Artikel „Freiheit und Recht, Freiheit und Staat" im Staatslexikon der Görres-Gesellschaft unterscheidet *Ernst-Wolfgang Böckenförde* negative, subjektive Freiheit von positiver, objektiver Freiheit, und er fordert ihre Vermittlung, so daß „beide als notwendige Elemente einer Freiheit erscheinen, deren Ziel und Inhalt das Bei-sich-selbst-sein-können des Menschen ist. Dieses zielt auf die Verwirklichung und Gestaltwerdung des eigenen Wesen und der Individualität[3]".

Im folgenden stelle ich Unterscheidungen von Freiheitsbegriffen knapp dar und greife dabei vor allem auf zwei verschiedene Versionen einer Unterscheidung zurück, die ich einander gegenüberstellen werde: Einerseits Böckenfördes Unterscheidung subjektiver und objektiver Freiheit, andererseits *Isaiah Berlins* „Two Concepts of Liberty". Anders als Böckenförde setzt Berlin nicht auf eine Vermittlung der unterschiedenen Freiheitsbegriffe, sondern entscheidet sich für den Vorrang des einen vor dem anderen. Er plädiert bekanntlich für den liberalen Vorrang und die überragende Wichtigkeit des negativen Freiheitsbegriffes. Der Grund dafür ist, daß er den positiven Begriff der Freiheit schärfer kritisiert.

Die Frage, die ich stellen möchte, lautet im Anschluß daran, ob angesichts dieser Kritik, die vor allem auf Berlins Idee des Pluralismus inkommensurabler und inkompatibler Werte beruht, nicht nur mit allergrößter Vorsicht Gebrauch gemacht werden sollte von einem positiven Freiheitsbegriff in der Selbstverständigung des Menschen als Individuum und gesellschaftlich-politisches Sinnenwesen. Sind zuletzt beide Freiheitsbegriffe überhaupt miteinander kompatibel; sind sie einer rationalen und geschichtlich verwirklichten Vermittlung fähig?

Bedenken gegen die Abwertung negativer Freiheit und für die damit verknüpfte Aufwertung positiver Freiheit geltend zu machen, ist auch heute wichtig zur Verteidigung einer politischen Ordnung für freie Bürger. Wenn ein kürzlich erschienenes und recht erfolgreiches Buch über die „Kultur der Freiheit" vom „Westen" fordert, seine Freiheitsidee im Rückgriff auf eine „vollständigere und ursprünglichere Idee von Freiheit[4]" neu zu tarieren, dann erscheint mir die Frage berechtigt, was wir tun, wenn wir dabei den negativen Begriff der Freiheit wieder einmal als „banales Freiheitsverständnis[5]" abwerten. Und es sind dann von neuem die Gründe gefragt, warum wir damit zurückhaltender umgehen sollten.

---

2 Vgl. *Isaiah Berlin,* From Hope and Fear Set Free, in: ders., Liberty, hrsg. v. H. Hardy, 2002, S. 252 ff.

3 *Ernst-Wolfgang Böckenförde,* Freiheit und Recht, Freiheit und Staat, in: ders., Recht, Staat, Freiheit, 1991, S. 42 ff. (47).

4 *Udo Di Fabio,* Die Kultur der Freiheit, 2005, S. 85.

5 Ebd., S. 117.

I. Varianten der Unterscheidung positiver und negativer Freiheit

Von der Unterscheidung positiver und negativer Freiheit wird auf sehr verschiedene Weise Gebrauch gemacht. In der Moralphilosophie wird sie von *Kant* verwendet. Dieser unterscheidet zwischen zwei „Erklärungen" der Freiheit. Freiheit sei – der negativen Erklärung nach – diejenige Eigenschaft des Willens, wonach er *unabhängig* von fremden ihn bestimmenden Ursachen wirkend sein könne. Dem gegenüber besteht die positive Erklärung darin, daß der Wille sich selbst sein Gesetz gebe. Positive Freiheit ist moralphilosophisch Autonomie. Negative Freiheit die Unabhängigkeit von der Naturkausalität[6]. Hier hat die Unterscheidung den einzelnen Menschen im Blick und was bei ihm willensbestimmend ist: Natur (soll heißen: Fremdes) oder Vernunft (soll heißen: ich selbst).

Von der Unterscheidung wird aber auch in der Rechtsphilosophie und im politischen Denken Gebrauch gemacht. Dann steht der Mensch im Blick, wie er unter und mit anderen Menschen in einer geteilten oder gemeinsamen Welt lebt. Bleibt man zunächst noch einmal bei Kant, dann besteht die negative rechtliche Freiheit in der „Unabhängigkeit von eines Anderen nöthigender Willkür"[7]; die positive Freiheit zum einen darin, daß ein jeder seine Glückseligkeit auf dem Wege suchen darf, welcher ihm selbst gut dünkt[8]. Stärker auf den politischen Aspekt der *Partizipation* beim positiven Freiheitsbegriff fokussiert zum anderen Kants Begriff rechtlicher Freiheit, die in der Befugnis bestehe, „keinen äußeren Gesetzen zu gehorchen, als zu denen ich meine Beistimmung habe geben können"[9]. Stellt Kant dabei noch auf die bloße Möglichkeit des Zustimmens ab, so akzentuiert die berühmte Unterscheidung, die *Benjamin Constant* zwischen der Freiheit der Alten und der Freiheit der Modernen getroffen hat, bei der positiven Freiheit der Alten die tatsächliche Teilhabe[10].

In der gegenwärtigen politischen Theorie aber stammt die meistdiskutierte Fassung der Unterscheidung von dem russisch-englischen Ideenhistoriker und liberalen politischen Philosophen *Isaiah Berlin*. In seiner bereits klassisch gewordenen Antrittsvorlesung in Oxford von 1958 „Two Concepts of Liberty" hat er sie ebenso grundlegend entfaltet wie ein wenig verworren. Denn in seiner Unterscheidung liegen mehrere Schichten übereinander.

---

6 Vgl. *Immanuel Kant,* Grundlegung zur Metaphysik der Sitten, Akademie Ausgabe (AA) 4, S. 446 f.

7 *Immanuel Kant,* Metaphysik der Sitten, AA 6, S. 237.

8 Vgl. *Immanuel Kant,* Über den Gemeinspruch, AA 8, S. 290.

9 *Immanuel Kant,* Zum ewigen Frieden, AA 8, S. 350 (FN).

10 Vgl. *Benjamin Constant,* Über die Freiheit der Alten im Vergleich zu der der Heutigen, in : ders., Werke Bd. 4, hrsg. v. A. Blaeschke u. L. Gall, 1972, S. 363 ff. (bes. S. 368).

Die unterschiedenen Freiheitsbegriffe beziehen sich einmal auf den Menschen als Individuum, einmal auf das Verhältnis des Menschen zu anderen Menschen, einmal auf die Stellung des einzelnen in einer politischen Gemeinschaft und einmal schließlich auf das Verhältnis von Gruppen zueinander. Berlin versucht, diese Vielfalt von Verhältnissen in bezug auf den Freiheitsbegriff durch *eine* grundlegende Unterscheidung zwischen negativer und positiver Freiheit zu erfassen und eine liberale politische Ordnung dadurch zu charakterisieren, daß sie dem negativen Begriff der Freiheit des Menschen einen Vorrang einräumt[11].

Negative Freiheit bedeute, laut Berlin, daß „niemand in mein Handeln eingreift, kein Mensch und keine Gruppe von Menschen. Politische Freiheit in diesem Sinne bezeichnet den Bereich, in dem sich ein Mensch ungehindert durch andere betätigen kann."[12] Es gehe nicht um die Frage, von wem Herrschaft ausgeht und wer sie rechtfertigt, sondern um die Frage, wie weit sie sich überhaupt erstrecken soll. Negative Freiheit sei die Freiheit im Sinne der Abwesenheit von Hindernissen für mein Handeln, die von anderen Menschen oder Gruppen von Menschen herrühren und die auch mit jeder Art von politischer Herrschaft gegeben sind. Darin liegen natürlich unzählige systematische Schwierigkeiten, genauer zu bestimmen, welche Hindernisse von Menschen oder Gruppen zu verantworten sind und welche nicht. Diese Schwierigkeiten – wie sie sich z. B. bei der Frage stellen, inwieweit das biologische Geschlecht oder inwieweit die gesellschaftliche Geschlechtskonstruktion, Gender genannt, für die Einschränkungen von Frauen in einer Gesellschaft ausschlaggebend sind – werde ich im folgenden ausklammern.

Von negativer will Berlin positive Freiheit unterscheiden, die in der Idee der Selbstbeherrschung oder der Selbstbestimmung oder der Selbstverwirklichung zum Ausdruck kommt. Der zentrale Sinngehalt des positiven Freiheitsbegriffs besteht darin, sein eigener Herr zu sein, von „Gründen und bewußten Absichten" bewegt zu werden, die zu einem selbst gehören[13]. Die Frage, womit wir uns vor allem identifizieren können, hängt in dieser Perspektive mit der Frage der Freiheit also eng zusammen.

Blicken wir von Berlins Unterscheidung zum Freiheits-Artikel im Staatslexikon hinüber. Böckenförde nimmt die Bestimmung des positiven Freiheitsbegriffs etwas anders vor, weil er eine weitere Unterscheidung aufgreift. Er führt nämlich die Unterscheidung zwischen einem positiven und einem negativen Freiheitsbegriff einerseits und die philosophiehistorisch

---

[11] Vgl. *Raymond Geuss*, Freiheit im Liberalismus und bei Marx, in: J. Nida-Rümelin u. W. Vossenkuhl (Hrsg.), Ethische und politische Freiheit, 1998, S. 114 ff. (118 f.).

[12] *Isaiah Berlin*, Zwei Freiheitsbegriffe, in: ders., Freiheit. Vier Versuche, 1995, S. 201.

[13] Vgl. *Berlin* (FN 12), S. 211.

u. a. auf Hegel zurückweisende Unterscheidung zwischen subjektiver und objektiver Freiheit andererseits zusammen. Was dabei „objektive Freiheit" bedeutet, ist jedoch mehrdeutig. Bei Böckenförde heißt es dazu zunächst: „In deutlicher Entgegensetzung zur subjektiven Freiheit wird [objektive; der Verfasser] Freiheit primär in der Erreichung und Verwirklichung der dem Menschen eigenen Bestimmung gesehen. Freiheit ist Freiheit zur Verwirklichung der eigenen Bestimmung, aber nicht gegen sie.[14]" Objektive Freiheit als „Freiheit zur Verwirklichung der eigenen Bestimmung" kann wiederum auf mehrfache Weise aufgefaßt werden, je nachdem, worin das Eigene der Bestimmung gesehen wird. Besteht die „eigene Bestimmung" darin, Mensch zu sein, oder darin Deutscher oder Christ zu sein, oder darin, ganz der zu sein oder zu werden, der man „ist"? Zum einen spricht Böckenförde von der objektiven Bestimmung des Menschen, deren Gewißheit sich einmal aus einem Offenbarungsglauben oder einem metaphysischen Begriff der menschlichen Natur habe gewinnen lassen, gegenwärtig aber nicht mehr bestehe. Diesen Grad oder Charakter von Objektivität könne dem Begriff positiver Freiheit mithin nicht mehr eignen. Zum anderen ist von der „Verwirklichung und Gestaltwerdung des eigenen Wesen und der *Individualität*"[15] die Rede. Nicht mehr eine allgemein-menschliche, oder eine auf partikularisierte Weise menschliche sondern die individuelle Verwirklichung des eigenen Wesens wird danach als objektive Freiheit verstanden. Böckenförde hat damit das philosophiehistorisch relativ neue, auf die Romantik sowie auf Denker wie John Stuart Mill zurückgehende Ideal der Authentizität[16] im Blick.

Die Verwirklichung, in der objektive Freiheit bestehen soll, wird dabei aber noch weitergehend spezifiziert, nämlich als: „Gestaltwerdung". Damit ist die Wirklichkeit kultureller Institutionen oder symbolischer Formen angesprochen, in denen menschliche Freiheit sich kristallisiert oder sedimentiert. Freiheit als flüchtiges Abstraktum soll hier konkret werden und dauerhafte Gestalt annehmen. Das Objektive der Freiheit liegt danach nicht mehr in einer finalen Orientierung der Freiheit auf das Wesen des Menschen oder der Individualität im Gegensatz zur Unbestimmtheit, in der das Woraufhin der subjektiven Freiheit verharrt. Das Objektive der Freiheit liegt in dieser Perspektive vielmehr in der Dauerhaftigkeit bestimmter „Gestalten und Ordnungen (Institutionen)"[17], in denen die Freiheit des Menschen Ausformungen in der Lebenswirklichkeit erfahren soll.

---

14 *Böckenförde* (FN 3), S. 46.

15 *Böckenförde* (FN 3), S. 47.

16 Zum Authentizitätsideal vgl. *Charles Taylor*, Das Unbehagen an der Moderne, 1995, S. 34 ff. Darüber hinaus vgl. *John Stuart Mill* (FN 1), S. 78, der behauptet, „daß die freie Entwicklung der Persönlichkeit eine der Hauptbedingungen der Wohlfahrt ist". Es geht ihm darum, der Individualität und dem eigenen Charakter eine Chance gegen die Tradition und die Sitten anderer Menschen zu geben.

17 Ebd., S. 48.

Nun lassen sich gegen beide jeweils einseitige Konzeptionen von Freiheit, der negativen wie der positiven, Einwände vorbringen. So vermöchte ein nur der subjektiven Willkür unterworfener subjektiver Freiheitsbegriff den Anspruch auf Selbstbestimmung nicht schon einzulösen und er verkennt die gesellschaftlichen Voraussetzungen, die gegeben sein müssen, um solche Freiheiten nicht nur zu haben, sondern von ihnen auch Gebrauch zu machen. Ein objektives Freiheitsverständnis indes geht zugleich mit der schwindenden Gewißheit darüber verloren, worin die Bestimmung des Menschen besteht. „I will not serve that in which I no longer believe whether it call itself my home, my fatherland or my church [...]". Und gegenüber der objektiven als der vermeintlich wahren Freiheit findet die für unser alltägliches Verständnis so offenkundige und wichtige subjektive Freiheit überhaupt keinen eigenen Stellenwert mehr. Dieser Einwände wegen fordert Böckenförde ihre Vermittlung[18]. Die Suche nach einer Vermittlung ist dabei, wie die Unterscheidung zwischen subjektiver und objektiver Freiheit überhaupt, hegelianisch inspiriert. Die Einwände machen aber zugleich schon deutlich, wie schwierig es ist, hier noch eine gelingende Vermittlung zu finden.

Auch Berlins Kritik des positiven Freiheitsbegriffs nimmt einen ähnlichen Verlauf, geht dann aber noch einen Schritt weiter, weshalb er keine Vermittlung mehr sucht, sondern auf einen liberalen Vorrang der negativen Freiheit setzt. Da sich die Einwände, die Berlin gegen seinen positiven Freiheitsbegriff vorbringt, in analoger oder gleicher Weise oder sogar *a fortiori* gegen das Verständnis der Freiheit als objektiver Freiheit in dem soeben entfalteten Sinne formulieren lassen, liegt für meine Zwecke nichts daran, welche Unterscheidung zugrundegelegt wird, und ich lasse deren Differenzen einstweilen auf sich beruhen. Wie auch immer nämlich Freiheit objektiv werden mag, sei es durch die finale Orientierung auf das Wesen des Menschen oder auf seine individuelle Bestimmung, sei es durch die verobjektivierende Verwirklichung der Freiheit in Institutionen und symbolischen Formen, stets ist das Kriterium und mithin das begründete Urteil darüber, ob solches Objektivwerden der Freiheit gelingt oder nicht[19], der freien Entscheidung des Subjekts vorgegeben.

---

[18] Vgl. dazu *Böckenförde* (FN 3), S. 45–47.

[19] Im Mißlingen liegt für *Georg Simmel* die Tragödie der Kultur. Vgl. *Georg Simmel,* Der Begriff und die Tragödie der Kultur, in: ders., Hauptprobleme der Kultur. Philosophische Kultur (Gesamtausgabe Bd. 14), 1996, S. 385 ff. Vgl. dazu *Dirk Lüddecke,* Staat – Mythos – Politik. Überlegungen zum politischen Denken bei Ernst Cassirer, 2003, S. 47 ff.

II. Berlins Kritik am positiven Freiheitsbegriff

Ein positiver Freiheitsbegriff besitzt, wenn man sich die Geschichte der Moralphilosophie anschaut oder die Geschichte des politischen Denkens eine hohe Affinität zu einer spezifischen Argumentationsstrategie. Eine bekannte Form nimmt auch sie bei Kant an. Sie beginnt mit der Aufspaltung sei es der Persönlichkeit, sei es der politischen Gemeinschaft. Die Aufspaltung ist dabei von vornherein hierarchisch gedacht. Daraufhin wird die Persönlichkeit oder die politische Gemeinschaft mit dem höheren, eigentlichen, wahren Selbst identifiziert bzw. es wird insinuiert, daß sich der Einzelne oder die Bürger mit diesem hierarchisch Übergeordneten ihrer Selbst zu identifizieren haben. Theorien identitärer Demokratie wie diejenige *Rousseaus* operieren nach diesem Muster ebenso wie Moralphilosophien, die in der Vernunft das eigentliche Selbst des Menschen erkennen, der das empirische Bündel unserer Wünsche, Leidenschaften und alle irrationalen Seelenregungen, aller Neid, Zorn und Mißgunst, aber auch Zuneigung und Liebe untergeordnet werden.

Wie die Argumentationsstrategie funktioniert, die darin besteht, sich mit dem Herrschenden als dem wahren Selbst zu identifizieren und sich zu hüten, mit dem Unterlegenen sich gemein zu machen, möchte ich an einem Beispiel aus dem Freiheitsbuch von *Peter Bieri* zeigen. Bieri entwickelt folgenden Gedankengang: Wo ich sage, jetzt liegt es an mir, was ich tun werde, und damit gemeint ist, jetzt entscheidet mein Wille, wo es mit mir lang geht, da – meint Bieri – sei ich mir am nächsten. Wenn es um den Willen geht, sei ich mir am nächsten[20]. Vielleicht ein wenig erschrocken von dieser eigenen Formulierung – oder war es gar nur die seines Willens? –, zieht Bieri die antivoluntaristische Notbremse. Ich könne, meint Bieri, was meinen Willen betrifft, Überraschungen erleben. Denn die „Intimität zwischen mir als Wissendem und mir als Wollendem[21]" sei längst nicht so groß, wie zunächst gedacht. Soll ich als Wollender ich selbst und frei sein, muß ich Macht ausüben auf den Willen. „Überlegend können wir am eigenen Willen arbeiten und darüber bestimmen, wie er sein soll. [...] Dadurch üben wir Macht auf den Willen aus und werden seine Urheber. Man kann auch sagen: Wir werden in einem emphatischen Sinne sein Subjekt. Das Ausmaß, indem uns das gelingt, ist das Ausmaß, in dem unser Wille Freiheit besitzt; das Ausmaß, in dem es uns mißlingt, ist das Ausmaß seiner Unfreiheit.[22]" Rousseauistisch ausgedrückt, wir, und das heißt jetzt: wir als überlegend Überlegene, nachdem wir uns im Stile einer „whig-interpretation" der Moralpsychologie mit dem Siegreichen und Mächtigen identifiziert haben, zwingen einen Willen unserer und eo ipso frei zu sein.

---

20 *Peter Bieri*, Das Handwerk der Freiheit, 2001, S. 48.

21 Ebd.

22 Ebd., S. 54.

Daran ist auf den ersten Blick nun nichts Ungewöhnliches und nichts Verdächtiges. Das alles klingt sehr vertraut und plausibel. Meine rousseauistische Beschreibung („Wir zwingen etwas frei zu sein."), verstimmt indes und ruft hoffentlich Unbehagen hervor. Es kommt dabei gar nicht darauf an, ob man dem hierarchischen Moment des Begriffs positiver Freiheit eher eine voluntaristische Form gibt, wie das nicht nur bei *Rousseaus* Idee der *volonté générale* der Fall ist, sondern auch in der gegenwärtigen philosophischen Debatte in der hierarchischen Struktur des Wollens bei *Harry Frankfurt*[23], oder ob das hierarchische Moment eine rationalistische Form besitzt. Die rationalistische Form der Hierarchisierung ist aber wohl philosophisch weiter verbreitet und verführerischer.

Wenn und soweit mir nun die Kraft oder Fähigkeit zu einem Akt willentlicher oder rationaler Selbstbeherrschung mangelt, können andere ihn für mich ausüben, sei es daß sie besser wissen, was gut für mich oder für die Gemeinschaft ist, sei es daß sie besser verstehen, was oder wer ich eigentlich sein will. Alltägliche Beispiele dafür sind ebenso Legion wie philosophische Sublimierungen. Wenn mein Sohn mich verärgert hat und ich drohe zu heftig zu reagieren, ist es gut, wenn jemand da ist und besänftigend wirkt. Er verhilft vielleicht meinem übergeordneten Wunsch, ein guter Vater zu sein, einen diesem adäquateren Primärwunsch handlungswirksam werden zu lassen, oder er läßt die rationale Überlegung zum Zuge kommen, daß durch lautes Brüllen die Sache jetzt auch nicht besser wird und vielleicht ein strenges und ernstes, aber jedenfalls kein lautes und zorniges Wort den gewünschten Erziehungserfolg hat. Sei es mein höherstufiger Wunsch, sei es der Einfluß meiner Überlegung, jedenfalls dient, wer derart besänftigend auf mich wirkt, meiner Freiheit im Sinne der Selbstbeherrschung. Daß ich am Ausleben meines Zornes gehindert werde, deute ich – zumindest wenn sich die erste Besänftigung eingestellt hat – nicht (mehr) als Beschränkung meiner Freiheit. Ich füge ein philosophisch nobilitiertes Beispiel hinzu: *Platos Politeia* zeigt, daß politische Herrschaft genau von denen auszuüben ist, die gelernt haben und verstehen, sich vernünftig selbst zu beherrschen. Die herrschende Vernunft ist aber nicht zugleich die eigene Vernunft der so Beherrschten selbst. Man kann das auch so ausdrücken, daß man sagt: In der Frage, ob ich (oder eine politische Gemeinschaft) im positiven Sinne tatsächlich frei bin oder nicht, bin ich (oder die politische Gemeinschaft selbst) nicht (zumindest nicht jederzeit, und damit nicht prinzipiell) die höchste Autorität[24].

Vor der latenten Gefahr, die in diesem Argumentationsmuster lauert, hat nicht nur der Liberale Isaiah Berlin gewarnt. Auch *Carl Schmitt* hat darauf

23 Vgl. *Harry Frankfurt,* Willensfreiheit und der Begriff der Person, in: ders., Freiheit und Selbstbestimmung, 2001, S. 65 ff.

24 Vgl. aber *Charles Taylor,* What's wrong with Negative Liberty, in: A. Ryan (Hrsg.), The Idea of Freedom, 1979, S. 175 ff.

aufmerksam gemacht. Was Freiheit sei, so Schmitt 1931, könne nämlich in letzter Instanz nur derjenige entscheiden, der frei sein solle. Sonst sei es nach aller menschlichen Erfahrungen mit der Freiheit schnell zu Ende[25]. Bei Berlin heißt es: „Sobald ich mir [jene] Ansicht zu eigen gemacht habe, bin ich in der Lage, die tatsächlichen Wünsche von Menschen und Gesellschaften zu ignorieren und Menschen oder Gesellschaften im Namen und zum Wohle ihres ‚wirklichen' Selbst zu drangsalieren, zu unterdrücken, zu foltern – all dies in dem sicheren Wissen, daß das wahre Ziel des Menschen (ob Glück, Pflichterfüllung, Weisheit, eine gerechte Gesellschaft, Selbsterfüllung) identisch mit seiner Freiheit sein muß – der freien Wahl seines ‚wahren', wenn auch oft verschütteten und sprachlosen Selbst."[26] Die Verteidiger positiver Freiheit drohen so allzu leicht zu Lobrednern möglicher Unterdrückung zu werden. Und wenn nicht gleich Unterdrückung oder Erziehungsdiktatur drohen, so stehen dem politischen Paternalismus doch die Türen weit offen. Dieser Gefahr zu begegnen, darin besteht der erste, vielleicht zentrale, sicher aber bekannteste Grund für Berlins liberales Eintreten für den Vorrang eines negativen Begriffs der Freiheit[27].

Der zeitgenössische historisch-politische Kontext war die Konfrontation mit sozialistischen Ideen. Was Berlin primär im Blick hatte, läßt sich anhand einer Rede aus Anlaß des 150. Todestages Friedrich Schillers veranschaulichen. 1955 konnte ein Dichterkollege den Dichter der Freiheit mit folgenden pathetischen Worten preisen: „Friedrich Schiller ist der Dichter der Freiheit. Friedrich Schiller ist aber nicht der Dichter der oder jener Freiheit. Er fordert nicht nur (sic!) Gedankenfreiheit und Freiheit der schönen Künste, sondern er mußte im Verlauf seines mit allem Schweren beladenen Lebens auch erfahren, wie unlösbar die verschiedenen Arten menschlicher Freiheit miteinander verbunden sind, und daß die eine Freiheit die andere bedingt. Die Persönlichkeit bedarf zu ihrer Freiheit als Voraussetzung einer gesellschaftlichen Ordnung, welche imstande ist, indem sie gleiche Entwicklungschancen bietet für alle, die Persönlichkeit in Freiheit zu setzen [...] [D]ie ganze, gewaltige, unteilbare Menschenfreiheit verwirklicht sich in dem Maße, in dem es uns gelingt, das Wahre uns anzueignen, die Gesetze des Schönen zu erkennen und zu gestalten, das Gute in uns und außerhalb uns wachsen zu lassen, es zu verlebendigen und zu vollenden. [...] Je gründlicher wir lernen, je besser wir arbeiten, je schöner wir zu leben verstehen, je vollkommener unsere neue gesellschaftliche Ordnung wird, unser Volksstaat, unsere Arbeiter- und Bauernmacht, desto näher rücken wir

---

25 *Carl Schmitt,* Freiheitsrechte und institutionelle Garantien der Reichsverfassung, in: Verfassungsrechtliche Aufsätze aus den Jahren 1924–1954, 1985, S. 140 ff. (167).

26 *Berlin* (FN 12), S. 213.

27 Vgl. dazu *George Crowder,* Isaiah Berlin. Liberty and Pluralism, 2004, S. 68–71; *Dudley Knowles,* Political Philosophy, 2002, S. 79–81.

einem [...] Freiheitsdichter, wie es Friedrich Schiller war[28]." Der so preisende Dichter war der Minister für Kultur der DDR *Joannes R. Becher.* Es ist eine paternalistische, autoritäre und zuletzt sogar totalitäre Argumentationsstruktur, wenn man über die negative, subjektive Freiheit hinweggeht und darin nicht einmal eine Verletzung der Freiheit erkennen kann, weil es der „ursprünglichen" Befreiung zum eigentlichen und wahren Selbst[29] oder der „Verwirklichung" der Freiheit im Rahmen bedeutsamer Kulturformen und Institutionen dienen soll oder der Etablierung der gesellschaftlichen Ordnung, die den einzelnen allererst „in Freiheit setzt" resp. die Bedingungen für „gleiche Freiheit" schafft.

III. Pluralismus

Ein zweiter Grund für Berlins Plädoyer für den Vorrang negativer Freiheit, der in gegenwärtigen philosophischen und politischen bedeutsamer geworden ist, hat mit seiner Idee eines fundamentalen Pluralismus inkommensurabler und inkompatibler, miteinander in Konflikt stehender Werte zu tun. Man muß Berlins Vorlesung „Two Concepts of Liberty" von ihrem Ende her lesen[30]. Hier legt er seine liberal-pluralistische Grundauffassung dar, die tragische Grundzüge besitzt. In der Rede Johannes R. Bechers auf den Freiheitsdichter Schiller heißt es gegen Ende: „Wir sind besten Willens, unsere Deutsche Demokratische Republik zu einem vorbildlichen Staat auszubauen, worin das Problem der ganzen, gewaltigen unteilbaren Menschenfreiheit eine Lösung findet[31]." Für Berlin ist eine solche Lösung, in der Freiheit mit sich selbst und zugleich mit dem Wahren, Guten und Schönen vereint, alle Widersprüche versöhnt und alle Gegensätze aufgehoben wären, nicht nur historisch unwahrscheinlich, sondern undenkbar.

Unter Wertpluralismus ist die Auffassung zu verstehen, daß nicht alle guten Dinge miteinander vereinbar, ja nicht einmal vergleichbar sind. Unlösbare Konflikte zwischen inkommensurablen Werten sind ein nicht zu beseitigendes Element des menschlichen Daseins. Weder gibt es einen allen Werten oder ethischen Konzepten gemeinsamen Maßstab, noch läßt sich ein fundamentaler Bezugswert oder eine in jedem Fall anwendbare Vorrangregel für die Entscheidung von ethischen Konflikten auffinden[32]. Solche Kon-

---

28 *Johannes R. Becher,* Denn er ist unser, in: Schiller in unserer Zeit. Beiträge zum Schillerjahr 1955, hrsg. v. Schiller-Komitee 1955, Weimar 1955, S. 43 ff.

29 Vgl. *Böckenförde* (FN 1), S. 47.

30 Vgl. *Berlin* (FN 12), S. 250; dazu *Crowder* (FN 27), S. 72 ff.

31 *Becher* (FN 28), S. 55.

32 In der Debatte, die sich an Berlin angeschlossen hat, ist der zentrale Gedanke der Inkommensurabilität vielschichtig diskutiert worden. Vgl. *John Gray,* Isaiah Berlin, 1995, S. 47 ff.; und die auf S. 171 Anm. 8 genannte Literatur; vgl. insbes. *Joseph*

flikte treten dabei nicht nur zwischen verschiedenen Werten (z. B. Freiheit, Gleichheit, Sicherheit, Glück etc.) auf, sondern auch in den unvereinbaren Deutungen des „gleichen" Wertes. Erstreckt sich z. B. der Begriff der Gerechtigkeit nur auf freiwillige vertragliche Abmachungen oder gibt es auch eine oder zahlreiche unterschiedliche Formen unabhängig zu bestimmender distributiver, sozialer Gerechtigkeit[33]? Ist nicht auch beispielsweise der Sinngehalt menschlicher Würde fundamental verschieden, je nachdem, ob man von einer humanistisch-säkularen, einer heideggerianisch-existentialistischen oder einer theologisch gefaßten Deutung des Begriffes ausgeht, ohne daß erkennbar wäre, wie hier eine Argumentation überhaupt beschaffen sein müßte, die uns entscheiden ließe, und wie ein Standpunkt aussähe, von dem aus entschieden werden könnte, welche Deutung menschlicher Würde die schlechthin adäquate und nicht nur die historisch und von der Praxis der Lebensteilung bedingt adäquate wäre? Schließlich treten solche Konflikte nicht nur zwischen Menschen oder Gruppen von Menschen auf, sondern auch in einem einzelnen[34] stellen einander ausschließende ethische Werte, Tugenden, Verpflichtungen, Regeln zutiefst divergierende Ansprüche[35].

Dieser Pluralismus ist nicht nur ein weltanschaulicher Pluralismus, bedingt durch die Vielheit der Subjekte mit jeweils unterschiedlichen Weltanschauungen und Lebensidealen bzw. durch die Vielfalt von Kulturen mit jeweils unterschiedlichen vorherrschenden Lebensformen. Und es ist nicht nur ein Pluralismus aufgrund der Schwäche menschlicher Vernunft. Er hat vielmehr eine objektive Grundlage. Man darf also den Pluralismus nicht mit ethischem Subjektivismus (oder kulturellem Relativismus) gleichsetzen. Er besagt nicht, daß Werturteile lediglich Ausdruck subjektiver Wertschätzung sind oder daß es für sie keine Form der intersubjektiven Rechtferti-

---

Raz, The Morality of Freedom, Oxford 1986, S. 321 ff.; *Gerald F. Gaus,* Contemporary Theories of Liberalism, London 2003, S. 31 ff.

33 Das wichtigste Werk zur Pluralität im Gedanken der Gerechtigkeit ist *Michael Walzer,* Sphären der Gerechtigkeit, 1992, dessen These ist (S. 30), daß „verschiedene Sozialgüter aus unterschiedlichen Gründen von verschiedenen Agenten und Mittlern auf der Basis unterschiedlicher Verfahren verteilt werden sollten und daß alle diese Unterschiede sich herleiten aus den unterschiedlichen Bedeutungen der Sozialgüter selbst – dem unvermeidbaren Resultat eines historischen und kulturellen Partikularismus."

34 Das hebt *Bernard Williams* für Isaiah Berlin hervor. Vgl. *Bernard Williams,* Introduction, in: Isaiah Berlin, Concepts and Categories, hrsg. v. H. Hardy, Princeton 1999, S. xvii f.

35 Wichtige Stimmen in der gegenwärtigen Debatte sind neben Isaiah Berlin u. a. *George Crowder,* Liberalism and Value Pluralism, London – New York 2002; *William A. Galston,* Value Pluralism and Liberal Political Theory, in: APSR 93 (1999), S. 769 ff.; *John Gray,* Two Faces of Liberalism, New York 2000; *John Kekes,* The Morality of Pluralism, Princeton 1993; *Charles Larmore,* The Morals of Modernity, Cambridge 1996, S. 152 ff.; *Thomas Nagel,* Die Fragmentierung des Guten, in: ders., Letzte Fragen, 1996, S. 181 ff.; *B. Williams,* Konflikte von Werten, in: ders., Moralischer Zufall 1984, S. 82 ff.

gung geben könne oder daß sich Werte radikal von Tatsachen unterscheiden und sie von den Menschen den erfahrbaren Tatsachen einer sinnleeren Welt allererst übergestülpt werden[36]. Kurz gesagt: Es ist nicht die Vielzahl möglicher subjektiver Ursprünge, die eine Vielfalt von Werten nach sich zieht. Weltanschaulicher Pluralismus ist mithin auch nicht menschlicher Schwäche und dem Unvermögen geschuldet, die eine wahre gelingende Existenzform zu finden und zu realisieren, und sie statt dessen im Reich der Utopie nur fingieren zu können. Vielmehr ist schlicht ein Leben oder eine Kultur oder eine politische Ordnung zu wenig, um alle denkbaren menschlichen Exzellenzformen zu ermöglichen und auszuschöpfen. Und das nicht etwa nur deshalb, weil das Leben kurz ist, sondern weil die Ziele des Lebens miteinander unvereinbar sind. John Rawls hat das einmal so beschrieben, daß „im Reich der Werte [...], anders als in der Welt der Fakten, nicht alle Wahrheiten in eine soziale Welt passen“[37].

Wo Lebensformen, Ziele und Möglichkeiten gelingenden Lebens vielfältig sind, so daß wir, um manches realisieren zu können, auf vieles andere verzichten, also Opfer bringen müssen – vielleicht zuletzt sogar das Opfer des Lebens –, da legen wir größten Wert darauf, daß wir es sind, die sich entscheiden können. Dazu brauchen wir ein Mindestmaß an negativer Freiheit. Und dabei ist uns diese Freiheit der Entscheidung vielleicht noch wichtiger, wenn es darum geht, welches Opfer wir zu bringen bereit sind, als für die positive Entscheidung selbst. Auf diese Weise fördert die These des objektiven Pluralismus die liberale Präferenz negativer Freiheit.

Darüber hinaus besteht beim negativen Begriff der Freiheit eine geringere Gefahr, sich über das konfliktive Verhältnis dieses Wertes zu anderen zu täuschen, während ein positiver oder objektiver Freiheitsbegriff dazu tendiert, mit anderem Erstrebenswerten (wie z. B. Wahrheit, Gerechtigkeit, Glück, Gleichheit, Pflichterfüllung etc.) angereichert und zuletzt mit ihm vermengt zu werden[38].

---

36 Vgl. *B. Williams,* Der Begriff der Moral, S. 21 ff.

37 *John Rawls,* Politischer Liberalismus, 1998, S. 295.

38 Vgl. *Berlin* (FN 12), S. 205 f. Vgl. *Crowder* (FN 27), S. 71 ff. Zur Veranschaulichung siehe *Di Fabio* (FN 4), S. 94 f., der von einem „positiven Freiheitsbegriff“ spricht, welcher die Entscheidung zu positiver *Bindung* prämiere und eng mit *Gerechtigkeits-* und *Gleichheitsvorstellungen* verwoben sei. Freiheit und *Gleichheit* sollen „konzeptionell harmonisch“ gedacht werden (S. 100). Weiter heißt es: *Nächstenliebe* „ist (sic!) die Freiheit, im Anderen den *gleichen Menschen* zu erkennen und seine *Würde* wie die eigene nicht in einem unerträglichen Abstand zwischen Arm und Reich mißachtet zu sehen.“ Ferner: „*Gerecht* ist eine solche Gesellschaft der Freien, wenn das Konstruktionsprinzip der Freiheit die gesamte Gesellschaft durchdringt und beherrscht, somit jedem die Chance gibt, *möglichst viel* von *seiner Biographie,* seinem Leben durch eigene Entscheidungen und seine Planungen bestimmen zu können.“ (S. 115 f.). Weiter heißt es bei *Di Fabio* (S. 119) „Unsere Gesellschaft ist deshalb eine freie, weil die Menschen zwischen unterschiedlichen Rationalitätssphären wechseln können.“ Mit der Freiheit werden so alle guten Dinge verwoben oder identifiziert: Gleichheit und Gerechtigkeit, Nächstenliebe und die Vielfalt von Rationalitäts-

Ich setze mich zum Abschluß mit einem wichtigen Einwand auseinander: Gehen wir mit der Aufwertung des negativen Begriffs der Freiheit nicht dem verkürzten Mainstream-Liberalismus auf den Leim mit seiner Präferenz für einen negativen Freiheitsbegriff, der Freiheit nur so versteht, daß es die Freiheit ist, die jeder schon mitbringt und die sich ungehindert auf dem Markt eben durchsetzt – oder untergeht? Ich denke, nein.

Warum bei grundsätzlichen konzeptionellen Auseinandersetzungen der Freiheitsbegriff so prominent ist, hat sachliche und rhetorische Gründe. Sachlich liegt es vor allem daran, daß die klassischen Grundrechte des bürgerlichen Rechtsstaates eben Freiheitsrechte sind und *das* Problem der modernen Philosophie das Problem der Freiheit ist. Rhetorisch ist der Versuch begreiflich, dem Liberalismus gerade auch in seiner gegenwärtig so vereinseitigten Spielart seinen eigenen Begriff, eben den der Freiheit, streitig machen zu wollen. Das scheint als rhetorische Strategie zunächst klug, ist aber zum Scheitern verurteilt. Gegen das smarte Plädoyer für Freiheit als Unabhängigkeit erscheint die Argumentation für eine „vollständigere und ursprünglichere Idee der Freiheit" heute in aller Regel umständlich, dunkel und dubios. Das hat einen guten Grund. Ein objektiver oder positiver Freiheitsbegriff hat nämlich notwendig zur Konsequenz, daß das Individuum, das frei sein soll, nicht die letzte Instanz sein kann, die darüber befindet, ob es frei ist oder nicht. Dann aber ist es, wie Carl Schmitt zu Recht festgestellt hat, nach aller menschlichen Erfahrung gerade mit der Freiheit schnell zu Ende.

Aber Freiheit ist doch auch nicht das einzige, an dem uns etwas liegt; sie ist nicht das einzige Ziel, nach dem Menschen streben und sie ist nicht die universelle Währung, in die alles Wertvolle sich muß konvertieren lassen. Persönliche Integrität, Selbstachtung und Wahrheitsstreben, sich in der Welt auszudrücken und Formen gelingender Lebensteilung, Vertrauen können und Liebe, umsorgt zu sein und Sorge zu tragen, Freundschaft und Solidarität, Gleichheit, Gerechtigkeit, Sicherheit und Frieden. An all dem liegt uns auch. Vieles davon hat natürlich mit Freiheit zu tun, hängt mit ihr zusammen, muß in Freiheit, subjektiver Freiheit, als Möglichkeit ergriffen werden. Aber in vielem davon liegt auch ein echter, tragischer Verzicht auf Freiheit. Und es wäre ein verarmter Reduktionismus oder auch verhüllte Selbsttäuschung (und vielleicht auch: beabsichtigte Fremdtäuschung), in alldem nur immer das gleiche, nämlich „wahre Freiheit" oder „objektive Freiheit" zu sehen. Ein politischer Denker sollte sich nicht freiwillig in die armselige Lage eines theoretischen König Midas versetzen, dem alles, was er betrachtet, sogleich im Lichte nur der Freiheit erscheint.

---

sphären. Und so könnte man fortfahren. Vgl. aber zur Anerkennung von Wertkollisionen ebd., S. 141.

Ich gebe ein letztes Beispiel: Ehe und Familie zunächst und zumeist in der Semantik von Freiheit und Bindung anzusprechen, ist zumindest einseitig[39]. Nirgends aber, denke ich, wird die Absurdität dieser konzeptionellen Fixierung auf Freiheit so deutlich, wie in Kants rechtsphilosophischer Rechtfertigung, warum Eltern für ihre Kinder Sorge tragen sollen. Sie, die Eltern, haben ein freies Wesen ungefragt in diese Welt herübergebracht, nun aber mögen sie also dafür sorgen, daß ihm sein Leben hier erträglich wird. Die Geburt als erste Freiheitsverletzung, welche die Eltern durch ihr mühsames Erziehungsgeschäft leidlich wiedergutzumachen haben – das kommt in seiner brillanten Konsequenz[40] heraus, wenn man sich argumentativ auf die Freiheit und nur auf die Freiheit des Menschen versteht.

Nicht die objektive Anreicherung, idealistische Aufladung und philosophische Verursprünglichung der Freiheit zur positiven Freiheit scheint mir eine angemessene Reaktion auf die vereinseitigte neoliberale Selbstverständigung des Menschen in der Semantik negativer Freiheit zu sein. Sondern wir sollten uns und andere daran erinnern wie reich das Leben ist und wie reichhaltig auch unsere konzeptionellen Möglichkeiten, es zu erfassen, zu deuten, zu ordnen und es auf diesem Wege immer wieder neu zu gestalten.

---

39 Vgl. *Di Fabio* (FN 4), passim.

40 Der systematische Zusammenhang in der kantischen Rechtsphilosophie ist verständlich. Da das Recht eine Ordnung der Freiheit ist, muß auch die Rechtspflicht der Eltern zuletzt auf den Gedanken der Freiheit zurückgeführt werden. Dabei nur auf die Verantwortlichkeit der Eltern für Ihre Nachkommen abzustellen, ist unzureichend. Auf die Hilfsbedürftigkeit als solche abzustellen zur Begründung einer rechtlichen Verpflichtung der Eltern, wäre aus kantischer Perspektive ein naturalistischer Fehlschluß, da es *im* Kind das *stoffwechselnde Naturwesen,* nicht aber *mit* ihm *die Person* im Blick hätte. Die Eltern haben nun aber „eine Person ohne ihre Einwilligung" in die Welt gesetzt. Die Verpflichtung der Eltern ergibt sich so zwar aus der Hilfsbedürftigkeit des Kindes, aber auf der Grundlage dessen, daß es Person ist und in seiner Freiheit als Person verletzt wurde, wofür aber die Eltern die Verantwortung tragen. Das Argument stellt ab auf die Hilfsbedürftigkeit des Kindes als Naturwesen, die Verantwortlichkeit der Eltern aus ihrem Freiheitsgebrauch *und* die Freiheitsverletzung des Kindes als Person. So noch wiederholt bei *Otfried Höffe,* Demokratie im Zeitalter der Globalisierung, 1999, S. 82 f.: „Weil Kinder in Kenntnis ihrer Hilfsbedürftigkeit und trotzdem ohne deren Zustimmung in die Welt gesetzt werden, haben sie einen Anspruch auf Hilfe [...]".

Freiheit und Amt: Die Eigenverantwortung des Beamten als Bedingung für gutes und effizientes Regieren *

Von Herbert Mandelartz, Berlin

I.

1. Seit Anfang der Siebziger Jahre wird in der Bundesrepublik Deutschland über die Modernisierung des öffentlichen Dienstes diskutiert[1]. In Fachaufsätzen[2] und Kommissionsberichten[3, 4] wurden u. a. mehr Eigenverantwortung und Entscheidungsmöglichkeiten für die Beschäftigten gefordert, um so ihre Motivation zu fördern und die Effizienz des öffentlichen Dienstes zu steigern. Gleichzeitig ging es um die Verbesserung der Qualifikation und des Führungsverhaltens der Vorgesetzten[5]. Umso verwunderlicher ist es, dass die so genannte Bull-Kommission im Jahre 2003 zu dem ernüchternden

---

* Der Vortrag wurde für die Veröffentlichung geringfügig überarbeitet; insbesondere um Anmerkungen und um die Passagen ergänzt, die aus Zeitgründen nicht vorgetragen werden konnten. Der Vortragsstil wurde beibehalten.

1 Vgl. die Übersicht bei *Hans Brinckmann*, Strategien für eine effektivere und effizientere Verwaltung, in: Naschold / Pröhl (Hrsg.), Produktivität öffentlicher Dienstleistungen 1994, S. 167 ff. (S. 178 ff.).

2 Z. B. *Erich Feindt*, Arbeit und Leistung als Bestimmungsfaktoren des Beamtenlebens, ZBR 1977, S. 37 ff. (S. 52 ff.); *Klaus König*, Führungsgrundsätze für die öffentliche Verwaltung?, ZBR 1982, S. 289 ff. (S. 292); *Franz Braschos*, Entbürokratisierung – Hilfe und Herausforderung für den öffentlichen Dienst, ZBR 1986, S. 349 ff. (S. 354 ff.).

3 Z. B. Studienkommission für die Reform des öffentlichen Dienstrechts. Bericht der Kommission. 1973; Motor der Entbürokratisierung. Unabhängige Kommission für Rechts- und Verwaltungsvereinfachung des Bundes 1988 – 1995, Unabhängige Kommission für Rechts- und Verwaltungsvereinfachung des Bundes (Hrsg.), 1995. Siehe auch das am 1.Dezember 1999 von der Bundesregierung beschlossene Programm „Moderner Staat – Moderne Verwaltung", hrsg. v. BMI 2000. Eine knappe Übersicht bei *Werner Jann*, Reform als Daueraufgabe – mit neuen Schwerpunkten Akzente setzen, in: Reformen aktiv gestalten – weniger Bürokratie, mehr Freiräume hrsg. v. BMI 2003, S. 39.

4 Auch Unternehmensberater haben sich dem Thema gewidmet; z. B. Kienbaum Unternehmensberatung, Studie zu Fehlzeiten im öffentlichen Dienst, zit. nach *Kurt Kieselbach*, Motivation heilt kranke Beamte: Echo öffentlicher Dienst, 12 / 9.

5 Vgl. etwa *Armin Töpfer*, Bessere Mitarbeiterführung und Zusammenarbeit, DÖV 1983, S. 588 ff.; *Peter Schindler*, Personalentwicklung im öffentlichen Dienst und in der Wirtschaft, Die Personalvertretung 1993, S. 296 ff.; *Bernd Walter*, Neue Männer braucht das Land – Führungsgeschäfte, Kriminalistik 1997, S. 193 ff.

Befund gekommen ist, dass viele Vorgesetzte – und zwar auf allen Ebenen der öffentlichen Verwaltung – ihren Aufgaben nicht gerecht werden[6]. Insbesondere füllen sie ihre Führungsfunktion nicht aus. Sie fühlen sich immer noch als Sachbearbeiter, jetzt vielmehr als Obersachbearbeiter. Sie leiden unter der Sucht, alles selbst entscheiden zu wollen und meinen, ihre Daseinsberechtigung unter Beweis stellen zu müssen, indem sie in Vorlagen ein „und" durch ein „sowie" ersetzen. Sie betreiben Geheimniskrämerei und haben dazu noch taube Ohren für ihre Mitarbeiter.

Solches Verhalten widerspricht nicht nur generell dem richtigen Umgang mit Mitarbeitern, sondern auch der Auffassung von Modernisierung der Verwaltung, wie sie hauptsächlich und verstärkt seit Beginn der 90er Jahre diskutiert wird[7]. Im Wesentlichen ging es darum, den öffentlichen Sektor neu zu bestimmen und in die Verwaltung Grundsätze des modernen Managements einzuführen – Stichwort: Neues Steuerungsmodell, auf dessen Elemente sich die bundesdeutschen Maßnahmen der Verwaltungsmodernisierung konzentrierten[8]. Dabei wurden auch die Beschäftigten neu entdeckt. Die Feststellung, wonach das Personal die teuerste und empfindlichste Ressource sei, mit der die öffentlichen Verwaltungen arbeiten und dass dem menschlichen Faktor – wie es so schön hieß – erheblich mehr Aufmerksamkeit gewidmet werden müsse, konnte man vielfach lesen und – in Bürgermeisterzimmern und auch auf Ministeretagen – hören.

Der aktive, eigenständig handelnde, verantwortungsfreudige Mitarbeiter wurde zu einem Eckpunkt des neuen Leitbildes einer modernen Verwaltung. Die Schaffung von Freiräumen für eigenständiges Handeln wurde zu einem festen Ziel der Personalführung. Davon versprachen und versprechen

---

6 Zukunft des öffentlichen Dienstes – öffentlicher Dienst der Zukunft. Bericht der von der Landesregierung Nordrhein-Westfalen eingesetzten Kommission. Düsseldorf, Januar 2003 (Bull-Kommission), S. 41; vgl. hierzu auch *Helmut Klages / Hans-Jürgen Hippler*, Mitarbeitermotivation als Modernisierungsperspektive 1991; *Helmut Klages*, Die Situation des öffentlichen Dienstes, in: ders., Verwaltungsmodernisierung. „Harte" und „Weiche" Aspekte, Speyerer Forschungsberichte 172, 1997, S. 17 ff. (S. 28); *Bernd Walter*, Organisation von gestern – Mitarbeiter von heute – Probleme von morgen, Die Personalvertretung 1999, S. 98 ff. (S. 105 ff.); kritisch zur Bull-Kommission *Rudolf Summer*, Aussage durch Nichtaussage, ZBR 2003, S. 365 ff.

7 Dem lagen Überlegungen zugrunde, die international als New Public Management bezeichnet werden; vgl. z. B. *Dietrich Budäus*, Public Management, Konzepte und Verfahren zur Modernisierungen öffentlicher Verwaltungen, 2. Aufl. 1994; einen guten Überblick geben *Klaus König / Joachim Beck*, Modernisierung von Staat und Verwaltung. Zum Neuen Öffentlichen Management 1997.

8 Vgl. KGSt (Hrsg.), Das neue Steuerungsmodell. Begründung, Konturen, Umsetzung, Bericht 5, 1993; *Helmut Klages*, Wie sieht die Verwaltung der Zukunft aus?, in: ders. (FN 6), S. 5 ff. (S. 9 ff.); *Christoph Reichard*, Umdenken im Rathaus. Neue Steuerungsmodelle in der deutschen Kommunalverwaltung, 4. Aufl. 1995; *ders.* Von *Max Weber* zum „New Public Management". Verwaltungsmanagement im 20. Jahrhundert, in: Hablützel / Haldemann / Schedler / Schwaar, Umbruch in Politik und Verwaltung 1995, S. 57 ff. (S. 69 ff.); kritisch *Ulrich Penski*, Staatlichkeit öffentlicher Verwaltung und ihre marktmäßige Modernisierung, DÖV 1999, S. 85 ff.

sich die Reformer mehr Motivation und Engagement der Beschäftigten und damit eine effizientere Organisation.

2. Diese – seit Anfang der 90er Jahre zunächst auf kommunaler Ebene, dann auf Landes- und schließlich auf Bundesebene betriebene – Modernisierung der Verwaltung entspricht im Wesentlichen dem, was die Beschäftigten selbst bezogen auf ihren Arbeitsplatz und ihre Arbeit wollen. Denn in sämtlichen einschlägigen Untersuchungen spielt der Wunsch nach attraktiven Arbeitsplätzen und Entscheidungsspielräumen bereits seit Anfang der 70er Jahre eine immer größere Rolle. Wünschten sich nach einer 1970–72 durch geführten Befragung „nur" 40 % der Beschäftigten mehr Selbständigkeit, waren es Anfang der 90er Jahre bereits 80 %[9].

Und eine Befragung, die zwischen November 2003 und Januar 2004 bei insgesamt 15.000 Personen in Europa durchgeführt wurde, ergab: Für das Engagement der Mitarbeiter sind eine abwechslungsreiche und herausfordernde Tätigkeit, ausreichende Entscheidungsmöglichkeiten am Arbeitsplatz sowie eigene Gestaltungsmöglichkeiten bei der Arbeit die wichtigsten Einflussfaktoren, dicht gefolgt von der erhofften Anerkennung für die geleistete Arbeit[10]. Befragt wurden zwar überwiegend Beschäftigte in der Privatwirtschaft; vor dem Hintergrund der soeben angeführten Untersuchungen und nach meinen eigenen Erfahrungen mit einer im Jahre 1997 im saarländischen Innenministerium und im Jahre 2002 im Presse- und Informationsamt der Bundesregierung durchgeführten Mitarbeiterbefragung treffen diese Aussagen aber auch auf den öffentlichen Dienst zu[11].

---

9 Vgl. etwa *Eberhard Moths / Monika Wulf-Mathies,* Des Bürgers treue Diener 1973; nach dieser in den Jahren 1970–1972 im Bundesministerium für Wirtschaft durchgeführten Untersuchung waren zwar mehr als 50 % der Befragten mit ihrem „Spielraum" für selbständige Tätigkeit im Referat zufrieden, aber gut 40 % wünschten sich mehr Selbständigkeit (S. 54); 90 % der Befragten hielten es für angemessen und erforderlich, ihr eigenes Arbeitsgebiet innerhalb des BMWi und nach außen selbständig zu vertreten (S. 31). Zu ähnlichen Ergebnissen kommen *Niklas Luhmann / Renate Mayntz,* Personal im öffentlichen Dienst, Baden-Baden 1973; bei einer etwas anderen Fragestellung galten als abschreckend für den öffentlichen Dienst, dass die persönlichen Entfaltungsmöglichkeiten bzw. die Verwirklichung eigener beruflicher Vorstellungen eingeschränkt werden (S. 77). Neuere Studien kommen zu noch eindeutigeren Ergebnissen: selbständiges Arbeiten, eine interessante Aufgabe, Eigenverantwortung sind den Beschäftigten nach einer Untersuchung im Geschäftsbereich des Bundesministeriums für Post und Telekommunikation aus dem Jahre 1993 zu mehr als 80 % wichtig, vgl. *K.-F. Ackermann,* Leistungszulagen bei der Deutschen Bundespost, Abschlußbericht. Studie im Auftrag des Bundesministers für Post und Telekommunikation. Februar 1993.

10 Vgl. Gewinnen, Binden und Motivieren von Mitarbeitern als Beitrag zum Unternehmenserfolg, Deutschland – Bericht des europäischen Towers Perrin Talent Reports 2004.

11 Den Mitarbeiterinnen und Mitarbeitern im Presse- und Informationsamt der Bundesregierung sind am wichtigsten ein interessantes Aufgabengebiet (85,9 %) und weitgehende Handlungsfreiheit (69,5 %). Bei den Referatsleitungen betragen die Werte 90,5 % bzw. 81,0 %, im mittleren Dienst hingegen nur 77,3 % bzw. 51,1 %.

II.

Weite Teile der Wirtschaft tragen diesen Erkenntnissen seit längerem Rechnung. Erheblicher Nachholbedarf besteht indes in weiten Teilen der öffentlichen Verwaltung. Zwischen den Arbeitsbedingungen in so genannten Kreativwerkstätten und in vielen Behörden liegen Welten. Moderne, helle Arbeitsräume, Sozialräume wie Teeküchen, Räume für Tischfußball usw. auf der einen Seite sollen das Engagement und die Motivation der Mitarbeiter fördern; grauer Putz, graues Linoleum, Mobiliar aus den 50er Jahren auf der anderen Seite lassen die Beschäftigten eher in Resignation verfallen. Die Firma Microsoft hat sogar die Gebäude so ausgerichtet, dass die Anzahl der Büros mit Blick auf die malerische Landschaft und die nahen Berge und Wälder möglichst groß ist.

Wenn also attraktive Arbeitsplätze und Gestaltungsmöglichkeiten am Arbeitsplatz das Engagement der Beschäftigten stärken und wenn sich dies auf die Effizienz der Organisation positiv auswirkt, dann hat auch der öffentliche Dienstherr alles zu tun, um solche Voraussetzungen zu schaffen. Und es stellt sich die Frage, ob die Beschäftigten von ihrem Dienstherrn solche Bedingungen lediglich erwarten dürfen oder ob sie gar ein Recht hierauf haben. Auf zwei Punkte will ich in diesem Zusammenhang näher eingehen.

1. Das Wohlbefinden des Einzelnen, seine Motivation, sein Engagement und somit sein Beitrag zur Effizienz der Organisation können u. a. dadurch beeinflusst werden, ob er sein äußeres Erscheinungsbild – beispielsweise Jeans oder Anzug, lange Haare oder kurze Haare – individuell gestalten kann. Hierzu gibt es eine umfangreiche, zum Teil widersprüchliche Rechtsprechung[12]. Dabei geht es letztlich um die Abwägung zwischen den beam-

---

[12] Vgl. z. B. Ohrschmuck beim Zollbeamten (BVerfG, NJW 1991, S. 1477) und beim Polizeibeamten in Rheinland-Pfalz (OVG Koblenz, NJW 1987, S. 340): nein; beim Polizeibeamten in Bayern (BayVGH, Die Personalvertretung 1999, S. 123 ff.): nein, diese Entscheidung wurde aufgehoben (BVerwG, ZTR 1999, S. 287; hierzu *Ulrich Battis,* Anmerkung zum Urteil des Bundesverwaltungsgerichts vom 15. 01. 1999, ZTR 1999, S. 393); so genannter Lagerfeld-Zopf bei Polizeibeamten (VGH Kassel, NJW 1996, S. 1164): ja; lange Haare bei Polizeibeamten (OVG Koblenz, NJW 2003, S. 3793): nein; Irokesenschnitt bei einem Wehrpflichtigen (BVerwGE 67, S. 66 ff. (S. 69): ja. Zur Frage, ob eine religionsbezogene Kleidung als positives Glaubensbekenntnis mit anderen Verfassungsrechtsgütern kollidiert, vgl. BVerwG, NVwZ 1998, S. 937; hierzu etwa *Hans W. Alberts,* Neue Religionen und Beamtenrecht – Sannyasin als Lehrer?, NVwZ 1985, S. 92 ff. Zum Kopftuch vgl. BVerfG, NJW 2003, S. 3111 ff.; hierzu etwa *Ute Sacksofsky,* Die Kopftuch-Entscheidung – Von der religiösen zur föderalen Vielfalt, NJW 2003, S. 3297 ff. (S. 3300). Auf der Grundlage des 2004 geänderten Baden-Württembergischen Schulgesetzes darf nach dem Urteil des Bundesverwaltungsgerichts vom 24. 06. 2004 (DÖV 2004, S. 1039) die Einstellung als Lehrer an Grund- und Hauptschulen im Beamtenverhältnis abgelehnt werden, wenn die Bewerberin nicht bereit ist, im Unterricht auf das Tragen eines „islamischen Kopftuches" zu verzichten; hierzu *Susanne Baer / Michael Wrase,* Staatliche Neutralität und Toleranz in der „christlich-abendländischen Wertewelt", DÖV 2005, S. 243 ff. (S. 249 ff.). Umfassend

tenrechtlichen Pflichten und den Grundrechten der Beamten[13]. Im Einzelnen will ich die Problematik nicht darstellen, nur soviel:

Geklärt ist heute, dass die Grundrechte auch in den so genannten besonderen Gewaltverhältnissen oder besser Sonderrechtsverhältnissen gelten[14]. Während ursprünglich galt, dass derjenige, der freiwillig Beamter wird, auf die volle Geltung der Grundrechte verzichte[15], trägt diese Konstruktion seit der Strafvollzugsentscheidung des Bundesverfassungsgerichts nicht mehr.

Das Bundesverfassungsgericht geht dabei geradezu selbstverständlich davon aus, dass die Grundrechte auch für denjenigen gelten, der sich in einem „besonderen Gewaltverhältnis" befindet[16].

Dennoch scheint mir, dass nach wie vor eine Reihe von Fragen zur Grundrechtsbegrenzung von Beamten sowohl in der Rechtsprechung als auch im Schrifttum ungeklärt ist und auch eine hinreichend sichere Dogmatik für Grundrechtsbegrenzungen von Beamten nach wie vor letztlich fehlt[17].

Strittig sind im Wesentlichen folgende Fragen:

- Gelten die Grundrechte generell, also auch dann, wenn der Beamte als Amtswalter handelt[18]?

---

zur Frage dienstrechtlicher Bekleidungsverbote in Schulen, bei der Gerichtsbarkeit und der Polizei: *Sonja Lanzerath*, Religiöse Kleidung und öffentlicher Dienst 2003.

13 Gründe für die Einschränkungserfordernisse waren etwa: Interesse an der Wahrung eines einheitlichen Erscheinungsbildes im Dienst; Funktionalität der Dienstkleidung oder effektive Gewährleistung der Verwaltungsaufgabe. Im Einzelnen vgl. *Axel Heinrichs*, Zur beamtenrechtlichen Pflicht insbesondere von Uniformträgern der Polizei zu einem angemessenen äußeren Erscheinungsbild, ZBR 2002, S. 84 ff.; *Jörg-Michael Günther*, Die freie Entfaltung der Persönlichkeit im Dienst – „Piercings", ein (Schein-)Problem des öffentlichen Dienstrechts?, ZBR 2000, S. 401 ff.

14 Statt Vieler *Ernst-Wolfgang Böckenförde*, Zur Lage der Grundrechtsdogmatik nach 40 Jahren Grundgesetz, 1989, S. 16 ff.

15 Vgl. *Norbert Klein*, Grundrechte und Wesensgehaltsgarantie im besonderen Gewaltverhältnis, DVBl. 1987, S. 1102 ff. (S. 1103 m. w. N.); *Herbert Schäfer*, Das Klageerzwingungsrecht des Beamten, DVBl. 1961, S. 776; BVerwGE 10, S. 213 ff. (S. 218); außerdem wurde darauf hingewiesen, aus der Anerkennung bestimmter Gewaltverhältnisse im Grundgesetz selbst leite sich die verfassungsrechtliche Legitimation für solche Grundrechtseinschränkungen ab, die zur Aufrechterhaltung der Funktionsfähigkeit der besonderen Gewaltverhältnisse notwendig seien, vgl. *H. Krüger*, Die Grundrechte im besonderen Gewaltverhältnis, ZBR 1956, S. 309 ff. (S. 312). Aus der Erwähnung besonderer Gewaltverhältnisse im Grundgesetz kann jedoch allenfalls geschlossen werden, dass die Existenz solcher Sonderrechtsverhältnisse anerkannt wird; es lassen sich aber keine Aussagen über ihre Bedeutung als Grundrechtsschranke treffen; vgl. auch *Frank Hofmann*, Das Grundrecht auf Leben und körperliche Unversehrtheit eines Beamten (Art. 2 II 1 GG) im Verhältnis zu seinen dienstrechtlichen Pflichten in Gefahrensituationen, ZBR 1998, S. 196 ff.

16 BVerfGE 33, S. 1 ff. (S. 9 ff.), NJW 1972, S. 811 ff.

17 Vgl. *Helmut Lecheler*, Verfassungsrechtlich zulässige Einschränkung der Grundrechtsausübung von Beamten – BVerwGE 84, S. 292 und S. 287, JuS 1992, S. 473.

18 Vgl. hierzu einerseits (Amt ist die Grenze): *Ulrich Battis*, Bundesbeamtengesetz, 3. Aufl. 2004, § 2 Rdnr. 22 und § 55 Rdnr. 4; *Wolf-Rüdiger Schenke*, Kommentar zum

- Sind sie von vornherein nur insoweit gewährleistet, wie sich dies aus dem Funktionsvorbehalt des öffentlichen Dienstes ergibt[19]? Mit der Folge, dass letztlich nicht der Dienstherr eine Störung der Funktionsfähigkeit des öffentlichen Dienstes dartun muss, sondern der Beamte darlegen muss, sein Verhalten stelle keine Beeinträchtigung dar, und
- ist es zulässig, schrankenlos gewährleistete Grundrechte durch einfaches Gesetzes einzuschränken, um bereits abstrakte Gefährdungen anderer Grundrechte zu erfassen, oder ist dies nur im konkreten Konfliktfall in Abwägung zwischen dem Grundrecht und anderen Verfassungsgütern möglich[20]?

Bonner Grundgesetz 1982, Art. 19 Abs. 4, Rdnr. 201; *Jürgen Schwabe,* Grundrechtsschutz hoheitlicher Funktionsträger, in: FS Helmut Quaritsch, 2000, S. 333 ff. (S. 340); andererseits (Amtswalter und Rechtsträger nicht teilbar): *Josef Konrad Rogosch,* Der Beamte im Amtsbereich, im Dienstverhältnis und im Privatbereich, DÖD 1996, S. 81 ff. (S. 83); *Helmut Lecheler* (FN 17), S. 475; *Eberhard Schmidt-Aßmann,* in: Maunz / Dürig, Grundgesetz-Kommentar, Bd. III, Feb. 2004, Art. 19 Abs. 4 Rdnr. 89; differenzierend *Wolfgang Loschelder,* Grundrechte im Sonderstatus, in: Isensee / Kirchhof (Hrsg.) Handbuch des Staatsrechts, Bd. V, 1992, S. 805 ff. Rdnr. 37 ff.

19 Das OVG Koblenz, NJW 2003, S. 3793 ff. (S. 3795) etwa drückt dies im Jahre 2003 (zur Haartracht von uniformierten Polizeibeamten) so aus: Der Anspruch des Beamten auf freie Entfaltung der Persönlichkeit sei von vornherein durch die Sachnotwendigkeiten des ihm anvertrauten Amtes begrenzt. Er unterliege somit einer besonderen Pflichtenbindung. Hinzu komme, dass das Beamtenverhältnis freiwillig eingegangen werde. Diese auf Freiwilligkeit beruhende Pflichtenbindung des Beamten berechtige den Dienstherrn zu einer stärkeren Inpflichtnahme seiner Bediensteten im Interesse der effektiven Wahrnehmung staatlicher Aufgaben (so auch VGH München, Die Personalvertretung 1999, S. 123 ff. (S. 125). Das OVG knüpft damit fast nahtlos an eine Entscheidung des Bundesverwaltungsgerichts aus dem Jahre 1961 an, wonach es sich als Folge der Begründung des Beamtenverhältnisses und der dadurch übernommenen Pflichten sozusagen von selbst ergibt, ohne dass es einer weiteren gesetzlichen Konkretisierung bedürfte, dass es dem Beamten verwehrt ist, von den im GG garantierten Rechten einen gleich weiten Gebrauch zu machen, wie er jedem anderen – nicht unter dem Zwang der im öffentlichen Interesse unerlässlichen Disziplin stehenden – Staatsbürger gestattet ist, wenn dies mit dem Wohl der Allgemeinheit, nach welchem sich auch die Interessen des Dienstes bestimmen, nicht zu vereinbaren ist (BVerwGE 12, S. 273 ff. = DÖV 1961, S. 901 ff.). Den gleichen Tenor hat die abweichende Meinung in der Kopftuchentscheidung, BVerfG, NJW 2003, S. 3111 ff. (S. 3117). Danach ist der Grundrechtsschutz des Beamten funktionell begrenzt. Wer Beamter wird, stellt sich in freier Willensentschließung auf die Seite des Staates. Der Beamte kann sich nicht in gleicher Weise auf die freiheitssichernde Wirkung der Grundrechte berufen wie jemand, der nicht in die Staatsorganisation eingegliedert ist. In Ausübung eines öffentlichen Amtes kommt ihm deshalb das durch die Grundrechte verbürgte Freiheitsversprechen gegen den Staat nur insoweit zu, als sich aus dem besonderen Funktionsvorbehalt des öffentlichen Dienstes keine Einschränkungen ergeben.

20 Die sog. Kopftuchentscheidung NJW 2003, S. 3111 ff. lässt die Abwägung auf Ebene der Verwaltung nicht mehr zu, sondern gibt dem demokratischen Landesgesetzgeber auf, das unvermeidliche Spannungsverhältnis zwischen positiver Glaubensfreiheit eines Lehrer einerseits und der staatlichen Pflicht zu weltanschaulicher – religiöser Neutralität, dem Erziehungsrecht der Eltern sowie der negativen Glaubensfreiheit der Schüler andererseits unter Berücksichtigung des Toleranzgebotes zu lösen; so auch schon *Folkert Kiepe,* Entwicklungen beim besonderen Gewaltverhältnis und beim Vorbehalt des Gesetzes, DÖV 1979, S. 399 ff. (S. 403). Siehe demgegenüber *Ernst-Wolfgang Böckenförde,* „Kopftuchstreit“ auf dem richtigen Weg?, NJW

2. Ich will es zunächst bei diesen Anmerkungen belassen. Entscheidender als die freie Wahl seines Outfits dürfte nämlich sein, welche Entfaltungsmöglichkeiten der Einzelne bei der inhaltlichen Wahrnehmung seines Dienstes hat.

Faktisch kann dies von verschiedenen Umständen abhängen. Dabei ist es nicht entscheidend, welche Position der Betreffende in der Hierarchie hat. Der Vorgesetzte hat eventuell für bestimmte Materien kein Interesse und lässt seinem Mitarbeiter freie Hand. Oder der Untergebene hat einen „besonderen Draht" zum Minister, weshalb der Vorgesetzte ihm zusätzlichen Freiraum lässt.

Es geht aber nicht um die faktischen Möglichkeiten, sondern darum, ob der Beamte aus seiner Eingliederung in den hierarchisch gegliederten Behördenaufbau oder aus Rechtsvorschriften Spielraum für eigenverantwortliches Handeln herleiten kann.

a) Das System, in das der Beamte eingegliedert ist, ist arbeitsteilig, vertikal gegliedert, und die Gesamtheit der Aufgaben und Befugnisse zwischen den engeren Handlungseinheiten ist in einer festen Stufenfolge von oben nach unten angeordnet[21]. Die Gliederung besteht nicht um ihrer selbst willen, sondern um das Leistungspotenzial optimal auszuschöpfen. Die einzelnen Elemente sollen so in die Verwirklichung der Organisationsziele einbezogen werden, dass die Mittel möglichst rationell eingesetzt und die Ziele bei geringst möglichem Aufwand höchstmöglich verwirklicht werden[22].

Zugleich wird durch das hierarchische Prinzip die demokratische Legitimation der Exekutive hergestellt[23].

Die Tätigkeiten der einzelnen Hierarchieebenen werden von der Spitze her legitimiert und gesteuert. Die Entscheidungen fallen je nach Bedeutung auf unterschiedlichen Ebenen. Der Minister kann allerdings potenziell jede Entscheidung selbst treffen. Er kann darüber hinaus die Arbeit der nachgeordneten Ebenen durch Weisungen und Leitlinien steuern. Bei ihren Entscheidungen sind diese Ebenen grundsätzlich hieran gebunden. Existieren

---

2001, S. 723 ff. (S. 723 und S. 728), der auf die konkrete Betrachtungsweise abstellt. Siehe dazu auch den von der Fraktion Bündnis 90 / Die Grünen in den Landtag Baden-Württemberg eingebrachten Gesetzentwurf Dr. 13 / 2837, der von Böckenförde entworfen wurde. Auch im Streit um den so genannten Radikalenerlass hat Böckenförde nicht auf eine abstrakte Gesinnungsloyalität, sondern auf die konkrete Verhaltensloyalität abgestellt, vgl. *Ernst-Wolfgang Böckenförde,* Der Staat als sittlicher Staat 1978, S. 30.

21 Vgl. *Wolfgang Loschelder,* Weisungshierarchie und persönliche Verantwortung in der Exekutive, in: Isensee / Kirchhof, Handbuch des Staatsrechts, Bd. III 1988, S. 521 ff., Rdnr. 3 ff.

22 Vgl. *Wolfgang Loschelder* (FN 21), Rdnr. 6.

23 Vgl. *Wolfgang Loschelder* (FN 21), Rdnr. 20, *Ernst-Wolfgang Böckenförde,* Demokratie als Verfassungsprinzip, in: ders., Staat, Verfassung, Demokratie. 1991, S. 289 ff. (S. 302).

keine Vorgaben oder lassen sie Spielräume, besteht in einer gewissen Weise Dispositionsfreiheit. Allerdings darf der Mitarbeiter nicht nach eigenen Maßstäben verfahren, sondern seine Aufgabe besteht darin, die Vorstellungen der Hausspitze sozusagen weiter zu entwickeln und zu Ende zu denken[24].

Für die Effizienz der Organisation und damit für die Effizienz der Regierung kommt es somit maßgeblich darauf an, das richtige Verhältnis zu finden zwischen eigener Entscheidung durch den Minister, festen Vorgaben und der Gewährung von Freiräumen für eigenständiges Handeln der Beschäftigten.

Wichtig ist weiter, dass die Mitarbeiter in den Fällen, in denen sie die Entscheidung nicht selbst treffen, bei der Entscheidungsfindung beteiligt werden. Dabei müssen sie ihre Meinung frei äußern können, ohne gewärtigen zu müssen, anschließend benachteiligt zu werden. Dies kann allerdings nicht gesetzlich abgesichert werden. Dazu braucht es Mut. Der Vorgesetzte kann dazu zwar gesetzlich verpflichtet werden, ob er sich daran hält, ist eine Frage der richtigen Auswahl von Führungskräften.

b) Diese Grundsätze werden auf der Ebene des einfachen Rechts gespiegelt. Nach § 55 des Bundesbeamtengesetzes hat der Beamte seine Vorgesetzten zu beraten und zu unterstützen. Zugleich ist er grundsätzlich verpflichtet, die von ihnen erlassenen Anordnungen auszuführen[25].

Die Art und Weise der Beratung ist dabei meines Erachtens von wesentlicher Bedeutung für die Effizienz einer Organisation oder wie *Richelieu* formuliert, für die „Glückseeligkeit von Staaten"[26]. Allerdings dürfte § 55 BBG eine der am wenigsten bekannten und beachteten Vorschriften des Beamtenrechts sein.

---

[24] Vgl. *Wolfgang Loschelder* (FN 21), Rdnr. 32; auch *Max Weber*, dessen Idealtypus des rationalen Herrschaftsmodells sich durch eine hierarchische, stark arbeitsteilige, auf Dienstweg, Befehl und Gehorsam abstellende Organisationsstruktur auszeichnet, wobei die Aufgabenerledigung durch ein engmaschiges Netz von Vorschriften sowie durch detaillierte Weisungen gesteuert wird und durch einen hauptamtlichen, professionell ausgebildeten Beamtenapparat erfolgt (vgl. *Max Weber*, Wirtschaft und Gesellschaft, Studienausgabe, 2. Halbband, Köln-Berlin 1964, S. 703), hatte schon erkannt, dass sich nicht jedes Verhalten durch eine abstrakt generelle Norm vorher bestimmen lässt und dass gerade für das Gebiet der eigentlichen Verwaltungstätigkeit die Herrschaft des Individuellen in Anspruch genommen wird und die Normen als Beschränkung der schöpferischen Tätigkeit angesehen werden (S. 720/721). Aber auch in diesem Fall darf der Beamte nicht willkürlich handeln, sondern sein Verhalten muss in der rationalen Abwägung sachlicher Zwecke bestehen (S. 721).

[25] Bundesbeamtengesetz (BBG) i. d. F. d. Bekanntmachung v. 31. März 1999, BGBl. I S. 675, zuletzt geändert durch Art. 6 des Gesetzes zur Änderung dienst- und arbeitsrechtlicher Vorschriften im Hochschulbereich (HdaVÄndG) v. 27. 12. 2004 (BGBl. I S. 3835).

[26] Zit. nach *Markus C. Kerber*, Richelieu oder die Macht des Vorzimmers 2004, 23/24.

Im Rahmen seiner Beratungspflicht hat der Beamte seine Bedenken schriftlich oder mündlich vorzutragen, und zwar auch entgegen einem mutmaßlichen Wunsch des Vorgesetzten und – anders als bei *Machiavelli*[27] – ungefragt[28].

Wenn dem Beamten eine Pflicht auferlegt wird, dann müssen die Voraussetzungen dafür geschaffen werden, dass er diese Pflicht auch erfüllen kann. Deshalb haben die Vorgesetzten ein Klima der offenen Diskussion zu fördern, bei dem um die beste Lösung der anstehenden Probleme gerungen wird[29].

Die Vorgesetzten dürfen Vorschläge, Bedenken und Hinweise der ihnen unterstellten Beamten weder einfach zurückweisen noch als mehr oder weniger lästig oder ohne besonderen (auf Form oder Inhalt beruhenden) Grund in Bewertungen bzw. Beurteilungen negativ würdigen[30].

Klar ist allerdings auch: aus der Beratungspflicht folgt kein Recht auf Befolgung des Ratschlags. Der Vorgesetzte kann sich anders entscheiden und der Beamte hat dem grundsätzlich zu folgen. Aber wichtig ist – wie bereits ausgeführt –, dass der Beamte bei der Entscheidung beteiligt war.

c) Bei der Entscheidungsfindung ist der Beamte im Rahmen seiner Beratungspflicht frei; was aber, wenn der Vorgesetzte eine Entscheidung getroffen hat? Ist der Beamte dann verpflichtet, einer entsprechenden Weisung in jedem Fall Folge zu leisten? Nach § 56 BBG trägt der Beamte für die Rechtmäßigkeit seiner dienstlichen Handlungen die volle persönliche Verantwortung. Wie er bei Bedenken gegen die Rechtmäßigkeit zu verfahren hat, regelt die Vorschrift im Einzelnen. Im Ergebnis hat er einer Anordnung Folge zu leisten, es sei denn, das ihm aufgetragene Verhalten ist strafbar oder ordnungswidrig und als solches für ihn erkennbar oder es verletzt die Würde des Menschen. Bedeutet das im Umkehrschluss, dass eine Weisung,

---

27 *Machiavelli,* Der Fürst, insel taschenbuch, 1. Auflage 2001 Frankfurt am Main und Leipzig, S. 113.

28 Vgl. *Plog / Wiedow / Lemhöfer / Bayer,* Bundesbeamtengesetz, 2. Aufl. 1965, § 55, Rdnr. 2.

29 Dies folgt schon aus § 54 Satz 3 BBG, wonach der Beamte sein Verhalten so einrichten muss, dass er innerhalb und außerhalb des Dienstes der Achtung und dem Vertrauen gerecht wird, die sein Beruf erfordert. Dies verpflichtet u. a. zu vertrauensvollem und kollegialem Zusammenwirken der Beamten mit allen Kolleginnen und Kollegen. Für die Vorgesetzten, für die diese Pflichten selbstverständlich ebenso gelten, bedeutet dies auch, dass sie bei Meinungsverschiedenheiten die Voraussetzungen für sachliche und für die weitere Zusammenarbeit förderliche Argumentation sowie die Darstellung der Meinung der Untergebenen zu schaffen haben. An sie ist zusätzlich noch die Forderung zu stellen, dass sie ihre Stellung gegenüber den Untergebenen nicht missbrauchen. Ihre Vorbildfunktion begründet eine höhere Intensität der Anforderungen, als sie bei einfachen Beamten gilt, vgl. *Henrik Stamer,* Die Pflichten der Beamten sowie der Angestellten und Arbeiter im Öffentlichen Dienst im Vergleich, 2000, S. 129.

30 Vgl. *Hellmuth Günter,* Dienstleistungsberichte, ZBR 1984, S. 353 ff. (S. 362).

die diese Voraussetzungen nicht erfüllt, in jedem Fall zu befolgen ist oder kann sich ein Beamter unter Berufung auf ein Grundrecht der Weisung widersetzen?

Greift auch dann der Satz des BVerfG, wonach die Grundrechte auch in den besonderen Gewaltverhältnissen gelten? Das Bundesverwaltungsgericht verwendet in seiner Entscheidung zur Weigerung eines Postbeamten, Postwurfsendungen der Scientology-Kirche zuzustellen, auf diese Frage kein Wort. Es geht vielmehr ohne weiteres von der Geltung des Grundrechts der Gewissensfreiheit aus, um dann die Frage zu prüfen, ob dieses Grundrecht im konkreten Fall durch gleichrangiges Recht, nämlich durch den hergebrachten Grundsatz der Gehorsamspflicht und die Funktionsfähigkeit des Postbetriebs eingeschränkt werden kann[31].

Auch in dem jüngst entschiedenen Fall eines Majors, der aus Gewissensgründen den Befehl verweigert hatte, an einem neuen Computerprogramm mitzuarbeiten, weil er darin eine verfassungs- und völkerrechtswidrige Unterstützungsleistung des Irak-Krieges sah, wird die Frage, ob der Soldat sich auf Art. 4 Abs. 1 GG berufen kann, mit keinem Wort problematisiert. Bei der Abwägung zwischen Art. 4 Abs. 1 GG und Art. 65a GG kommt das Gericht zu dem Ergebnis, dass die zuständigen Vorgesetzten den aus der Verpflichtung zur praktischen Konkordanz folgenden Anforderungen nicht nachgekommen seien[32].

Nach der überwiegenden Auffassung in der Literatur kann der Beamte sich allerdings nur dann auf die Grundrechte berufen, wenn sein Verhalten Ausdruck seiner individuellen Sphäre ist bzw. nur gelegentlich der Amtsführung erfolgt. Nicht aber, wenn er als Amtswalter handelt. Als Amtswalter sei er Teil der Staatsorganisation und damit kein Grundrechtsträger. Das Amt sei die Grenze des Grundrechts[33]. Meines Erachtens zeigen aber die gerade angeführten Beispiele, dass die Doppelstellung des Beamten als Amtswalter und Rechtsträger nicht teilbar ist und die subjektive Position auch das Amt durchdringt[34].

Insgesamt ergibt sich damit ein ausbalanciertes System von Freiheitsraum bei der Beteiligung an der Entscheidungsfindung auf der einen Seite und notwendigen Einschränkungen bei der Umsetzung auf der anderen Seite. Ob der Beamte davon Gebrauch macht, ist eine andere Sache. Denn selbstverständlich gibt es für den Vorgesetzten faktisch Möglichkeiten, seine Pflichten zu umgehen und im Rahmen etwa von Beurteilungen ihm unliebsame Beratungsvorschläge nachträglich zu sanktionieren. Der Staat kann

---

31 BVerwG, NJW 2000, S. 88 ff.

32 BVerwG, Urteil v. 21. Juni 2005 – BVerwG 2 WD 12.04.

33 Vgl. *Ulrich Battis* (FN 18), § 2, Rdnr. 22 und § 55, Rdnr. 4; *Wolf-Rüdiger Schenke* (FN 18), Art. 19 Abs. 4, Rdnr. 201; *Jürgen Schwabe* (FN 18), S. 333 ff. (S. 340).

34 Vgl. *Josef Konrad Rogosch* (FN 18), S. 83.

indes den Freiheitsraum nur garantieren, das jederzeit gefahrlose davon Gebrauchmachen nicht.

d) Die Praxis sieht bezüglich der Beratungspflicht und der Schaffung eines Klimas offener Diskussion allerdings anders aus[35]. Nach meiner Erfahrung erwarten nur wenige Vorgesetzte, insbesondere Leitungskräfte kritische Begleitung. Kritik wird vielmehr häufig als Bedenkenträgerei empfunden. Auf den Hinweis, das geltende Recht stehe bestimmten Plänen entgegen, werden – wie es so schön heißt – kreative Vorschläge erwartet. Gewünscht werden Vorlagen, die der Meinung des Vorgesetzten entsprechen. Eine Vorlage, die mit dem Hinweis „weisungsgemäß" vorgelegt wird, ist unerwünscht, weil sich daraus ergibt, dass der Mitarbeiter anderer Ansicht ist; ebenso Vorlagen mit begründeten Entscheidungsalternativen und der Bitte um Entscheidung. Offene Diskussionen finden selten statt; meistens fehlt die Zeit. Hinzu kommt, dass Vorgesetzte Mitarbeiter bei der Beratung häufig demotivieren, indem sie auch unzuständige Kollegen fragen, weil sie den zuständigen nicht trauen oder häufig nicht in Strukturen, sondern ad personam denken.

Andererseits halten sich viele Mitarbeiter mit der Beratung zurück – genauer: sie kommen der Beratungspflicht nicht nach. Insbesondere bei einem Seiteneinsteiger handelt man nach dem Motto: Schauen wir mal, was der so kann? Man lässt sich fragen oder wartet auf Anweisungen, anstatt aktiv zu beraten.

Als zum Beispiel die neue Finanzministerin des Landes Schleswig-Holstein, Heide Simonis, ihr Amt antrat, begrüßte der Vorsitzende des Personalrates sie mit den Worten: Frau Ministerin, wir erwarten Ihre Weisungen und werden sie loyal ausführen. Und die Ministerin darauf: Was heißt hier Weisungen, ich erwarte Ihre Beratung[36].

---

35 Ich selbst bin mit dieser Vorschrift zum ersten Mal in meiner Eigenschaft als stellvertretender Leiter der Polizeiabteilung im saarländischen Innenministerium Ende der 80er Jahre konfrontiert worden. Ein leitender Polizeibeamter schlug dem Innenminister unter Bezugnahme auf die in § 69 des Saarländischen Beamtengesetzes geregelte Beratungspflicht eine Regelung des so genannten finalen Rettungs- oder Todesschusses im Saarländischen Polizeigesetz vor. Dem Beamten wurde freundlich geantwortet, der Landesgesetzgeber habe anders entschieden und auch der Innenminister halte die Regelung für nicht erforderlich. Was machte Polizeidirektor Thewes? Er schrieb eine Dissertation: *Wilfried Thewes,* Rettungs- oder Todesschuss, Hilden 1988.

36 Sehr einrucksvoll heißt es in den Erinnerungen von Otto Braun, der im November 1918 Minister für Landwirtschaft, Domänen und Forsten geworden war, über das erste Zusammentreffen mit den Beschäftigten: „Im Konferenzsaal standen sie Kopf an Kopf, die Ministerialdirektoren, die Geheimen vortragenden Räte, die Geheimen expedierenden Sekretäre, die Geheimen Boten und die Stenotypistinnen, welche erwartungsvoll der Dinge harrten, die da kommen sollten. Hass, Ablehnung und misstrauische Neugier lag auf den Gesichtern, bei keinem eine Spur freudiger Genugtuung, die etwas Sympathie für das neue Regime verraten hätte", *Otto Braun,* Von Weimar zu Hitler, 1949, S. 15.

Viele Mitarbeiter – und dies ist ein weitverbreitetes Missverständnis – erwarten im Übrigen, dass der Vorgesetzte ihren Vorschlägen auch folgt. Davon kann man natürlich nicht ausgehen[37].

III.

Auf der einen Seite werden in der Diskussion über die Modernisierung der Verwaltung Gestaltungsspielräume gefordert, weil so die Arbeitszufriedenheit gefördert werden kann und dies auch den Vorstellungen der Beschäftigten nach im weitesten Sinne attraktiven Arbeitsplätzen entspricht. Auf der anderen Seite müssen wir feststellen, dass die Führungskräfte den daraus für sie folgenden Anforderungen in der Praxis häufig nicht gerecht werden.

In dieser Situation hätte man erwarten können, dass dieser Gegensatz in dem vom Bundesminister des Innern als die weitreichendste Reform des Beamtenrechts in den letzten fünfzig Jahren[38] bezeichneten Gesetz aufgegriffen wird. Etwa indem in ein oder zwei Grundsatznormen die Anforderungen an einen modernen öffentlichen Dienst fixiert worden wären, wie dies in neueren Gesetzen[39] geschieht.

Auch wenn es schwierig ist, die Umsetzung einer solchen Leitentscheidung zu „kontrollieren", wäre damit ein Zeichen gesetzt worden. Ein Zeichen, dass sich ein Wandel zu vollziehen hat. Ein Wandel auf Seiten der Beschäftigten im Verhältnis zu den Bürgerinnen und Bürgern; ein Wandel im Verhältnis der Vorgesetzten zu ihren Mitarbeitern. Es wäre auch ein Zeichen dafür gesetzt worden, dass die Vorstellungen der Beschäftigten aufgegriffen werden und wie Motivation auch gefördert werden soll.

Solche Leitentscheidungen[40] fehlen indes. Stattdessen sollen nach dem am 15. Juni 2005 durch das Kabinett beschlossenen Entwurf eines Gesetzes

---

[37] Ich selbst habe in meiner Zeit als Referats- und auch noch als Abteilungsleiter in hohem Maße für den Papierkorb gearbeitet.

[38] Siehe FAZ v. 16. Juni 2005, S. 5.

[39] Vgl. etwa § 1 des Gesetzes zum Schutz vor schädlichen Umwelteinwirkungen durch Luftverunreinigungen, Geräusche, Erschütterungen und ähnliche Vorgänge (Bundes-Immissionsschutzgesetz – BimSchG), i. d. F. d. B. v. 26 September 2002 BGBl. I S. 3830, zuletzt geändert durch Art. 2 des Gesetzes zur Neugestaltung des Umweltinformationsgesetzes und zur Änderung der Rechtsgrundlagen zum Emissionshandel v. 22. 12. 2004 (BGBl. I S. 3704); § 1 des Tierschutzgesetzes i. d. F. d. B. v. 25. Mai 1998 BGBl. I S. 1105, ber. S. 1818, zuletzt geändert durch Art. 153 der letzten Zuständigkeitsanpassungsverordnung v. 25. 11. 2003 (BGBl. I S. 2304); § 1 des Gesetzes über Naturschutz und Landschaftspflege (Bundesnaturschutzgesetz – BNatSchG) v. 25. März 2002 BGBl. I S. 1193, zuletzt geändert durch Art. 2 des Gesetzes zur Neuordnung des Gentechnikrechts v. 21. 12. 2004 (BGBl. 2005 I S. 186).

[40] Zu denken wäre etwa an folgenden Text:
1. Der öffentliche Dienst ist für die Bürgerinnen und Bürger da.

zur Reform der Strukturen des öffentlichen Dienstrechts (Strukturreformgesetz)[41] Motivation und Effizienzsteigerung vor allem durch Berücksichtigung der individuellen Leistungen bei der Bezahlung erzielt werden. Hierin wird – ich übertreibe bewusst – der Dreh- und Angelpunkt für den öffentlichen Dienst der Zukunft gesehen.

Die Initiative des Bundesministers des Innern ist in der Öffentlichkeit überwiegend positiv aufgenommen worden. Mich wundert dies. Mich wundert, dass niemand die Grundannahme des Entwurfs in Frage gestellt hat, wonach die Bezahlung bisher in erster Linie vom Lebensalter und dem Familienstand und nicht von der Leistung abhänge. Denn auch das derzeitige System enthält bereits eine Reihe von leistungsbezogenen Elementen, wie die durch das Gesetz zur Reform des öffentlichen Dienstrechts vom 24. Februar 1997[42] eingeführten Leistungsprämien und -zulagen[43] sowie insbesondere die Leistungsstufen, die ja die leistungsunabhängigen Lebensaltersstufen abgelöst haben[44]. Ferner sieht das bisherige System die Beförderung als ein Element der Belohnung für hervorragende Leistungen vor.

---

2. Die Mitarbeiterinnen und Mitarbeiter haben die Art ihrer Leistungserbringung im Rahmen des gesetzlichen Auftrags und der gebotenen Wirtschaftlichkeit an den Anforderungen der Leistungsempfänger innerhalb und außerhalb der Verwaltung auszurichten.
3. Die Vorgesetzen informieren und beteiligen die Mitarbeiterinnen und Mitarbeiter umfassend und ermuntern sie, eigene Vorstellungen für die Umsetzungen der Aufgaben zu entwickeln, auch wenn dies in der Sache Kritik bedeutet. Zum Führungsstil gehören regelmäßige Mitarbeitergespräche.

Vgl. dazu etwa Drittes Gesetz zur Reform der Berliner Verwaltung (Verwaltungsreform-Grundsätze-Gesetz-VVG) v. 17. Mai 1999 (GVBl. S. 171 ff.).

[41] Der Entwurf ist dem Bundesrat am 12. August 2005 gemäß Art. 76 Abs. 2 GG zugeleitet worden – BR-Drucksache. 615 / 05. Am 14. Oktober hat der Bundesrat dazu Stellung genommen und den Entwurf grundsätzlich begrüßt. Zugleich hat er den erheblichen bürokratischen und finanziellen Mehraufwand kritisiert. Vgl. hierzu *Uta v. Kiedrowski,* Der Gesetzentwurf zur Reform der Strukturen des öffentlichen Dienstrechts – ein Überblick mit besonderem Schwerpunkt auf den bezahlungsrechtlichen Regelungen, ZTR 2005, 450 ff.

[42] BGBl. I S. 232; vgl. hierzu *Ulrich Battis,* Das Dienstrechtsreformgesetz, NJW 1997, S. 1033 ff.; *Hans-Bernd Beus / Knut Bredendiek,* Das Gesetz zur Reform des öffentlichen Dienstrechts, ZBR 1997, S. 201 ff.; (kritisch) *Jürgen Lorse,* Die leistungsbezogenen Bezahlelemente des Dienstrechtsreformgesetzes, Recht im Amt 2000, S. 219 ff.; siehe aber (positiv) *ders.,* Eckpunktepapier „Neue Wege im Dienstrecht“: Wie verbindet man Eckpunkte zu Grundlinien einer Reform?, DÖV 2005, S. 445 ff.; ambivalent zum Dienstrechtsreformgesetz: *Hans Peter Bull,* Die politische und rechtliche Ausgangslage und der internationale Vergleich, in: Bull / Bonorden (Hrsg.), Personalrecht und Personalwirtschaft als Handlungsfelder der Verwaltungsreform, 2001, S. 17 ff. (S. 25), der darin einerseits einen relativ großen Schritt sieht, andererseits kritisiert, dass wesentliche weitere Vorschläge der Studienkommission nicht berücksichtigt worden sind.

[43] Siehe § 42a BBesG i. V. m. der Verordnung über die Gewährung von Prämien und Zulagen für besondere Leistungen – Leistungsprämien- und -zulagenverordnung – LPZV- v. 25. September 2002, BGBl. I S. 3746. Zu Leistungszulagen und zur Verzögerung des Aufstiegs siehe bereits Studienkommission für die Reform des öffentlichen Dienstrechts. Bericht der Kommission 1973, S. 290 ff.

Mich wundert auch, dass die Frage nicht gestellt worden ist, ob eine stärker leistungsabhängige Bezahlung tatsächlich zu mehr Motivation und zu einem besseren öffentlichen Dienst führt. In der Wissenschaft wird diese Frage nämlich unterschiedlich beantwortet[45]. Und nach einer OECD-Studie zu den praktischen Erfahrungen im öffentlichen Dienst müssen die Auswirkungen als enttäuschend bewertet werden[46]. Einig sind sich allerdings alle Experten, dass bestimmte Grundvoraussetzungen gegeben sein müssen, damit eine leistungsorientierte Bezahlung positiv wirken kann. Dazu zählen:

- Die Leistungsbestandteile dürfen nicht unterhalb der Wahrnehmungsschwelle liegen[47].
- Es müssen hinreichend Mittel zur Verfügung stehen; von vornherein zum Scheitern verurteilt ist ein Modell, bei dem die Vorteile für die Leistungsträger bei den anderen erwirtschaftet werden müssen[48].
- Das System sollte nicht flächendeckend eingeführt werden, sondern zeitlich abgestuft und von oben nach unten[49].
- Verdrängungseffekte müssen ausgeschlossen werden, das heißt: es muss verhindert werden, dass die Gesamtmotivation der Mitarbeiter geringer ist als zuvor[50].
- Es darf nicht der Eindruck entstehen, als würde die Selbstbestimmung eingeschränkt und die Fremdkontrolle bestärkt[51].

---

44 Siehe § 27 Abs. 3 und 4 BBesG i. V. m. der Verordnung über das leistungsabhängige Aufsteigen in den Grundgehaltsstufen – Leistungsstufenverordnung – LStuV – v. 25. September 2002, BGBl. I S. 3744.

45 Vgl. *Karin Tondorf,* Leistungszulagen als Reforminstrument? 1995, S. 15 ff. und S. 76 ff.; *Ludwig Theuvsen,* Erfolgsbedingungen leistungsorientierter Entgeltsysteme, Die Verwaltung 2003, S. 483 ff. mit weiteren Hinweisen; für den Bereich der Privatwirtschaft: (Ernüchterung) vgl. *Christine Abel / Joachim Becker,* Trends in der Vergütung: Zunehmende Internationalisierung und Erfolgsorientierungm, Personal, 2000, S. 388 ff. (S. 392).

46 OECD, Private Pay for Public Work, Paris 1993, zit. nach *Monika Böhm,* Leistungsanreize im öffentlichen Dienst im internationalen Vergleich, ZBR 1997, S. 101 ff. (S. 105); zu den Erfahrungen in der amerikanischen öffentlichen Verwaltung: *Ludwig Theuvsen* (FN 45), S. 485.

47 Vgl. *Ludwig Theuvsen* (FN 45), S. 487; *Monika Böhm* (FN 46), S. 105; *Heinz Evers,* Vergütungspolitik im Umbruch, Personal 2001, S. 86.

48 Vgl. *Ludwig Theuvsen* (FN 45), S. 488; *Edwin Czerwick,* Die Reform des öffentlichen Dienstrechts: Ökonomisierung durch Politisierung, ZBR 2005, S. 24 ff. (S. 28).

49 Vgl. *Heinz Evers* (FN 47), S. 89.

50 Hier spielt insbesondere die Fairness bei der Vergabe die entscheidende Rolle; vgl. *Ludwig Theuvsen* (FN 45), S. 489; *Wolf Böhnisch / Andrea Freisler-Traub / Gerhard Reber,* Der Zusammenhang zwischen Zielvereinbarung, Motivation und Entgelt – Eine theoretische Analyse, Personal 2000, S. 38 ff. (S. 40).

51 Vgl. *Ludwig Theuvsen* (FN 45), S. 490; *Wolf Böhnisch / Andrea Freisler-Traub / Gerhard Reber* (FN 50), S. 40.

Schon eine flüchtige Lektüre des Strukturreformgesetzes zeigt, dass einige dieser Voraussetzungen nicht erfüllt sind. Denn das neue Modell muss kostenneutral umgesetzt und soll flächendeckend eingeführt werden[52].

Ferner sind die Leistungsanreize zu gering, um tatsächlich motivierend wirken zu können. Die Leistungsvariablen betragen 34 Euro in der untersten und 208 Euro in der höchsten Gehaltsstufe und rd. 2 Prozent zwischen einer durchschnittlichen und einer überdurchschnittlichen Leistung[53]. Nur am Rande sei erwähnt, dass die Bull-Kommission bei der Spitzenbezahlung z. B. einen variablen Anteil von 50% vorschlägt[54].

Entscheidend dürfte jedoch Folgendes sein: Das derzeit relativ einfache Modell der leistungsangemessenen Bezahlung läuft in der Praxis weitgehend leer. Die Leistungsstufen werden in der Regel durchlaufen; die Feststellung, dass ein Beamter den durchschnittlichen Anforderungen nicht gerecht wird, findet im Grunde nicht statt. Die Statistik für das Jahr 2003 ergibt bei rd. 235.000 Berechtigten für die Vergabe von Leistungsstufen zehn Hemmungen im Aufstieg. Das heißt, nur zehn Beschäftigte von rd. 235.000 – dies sind rd. 0,004% – werden nach Einschätzung ihrer Vorgesetzten den durchschnittlichen Leistungen nicht gerecht[55].

Auch die Leistungsprämie wird vielfach nicht unter Leistungsgesichtspunkten gewährt, sondern als soziales Trostpflaster: Für eine entgangene Beförderung oder eine vergebliche Bewerbung um eine höherwertige Funktion oder zur Ruhigstellung eines „Quälgeistes“. Außerdem gibt es die Tendenz zur „Reihum-Vergabe“. Diese Praxis hat zum Teil schon zur Folge, dass die Leistungsträger sich – zu Recht – ungerecht behandelt fühlen und unzufrieden werden, was schließlich sogar zu nachlassendem Engagement führen kann[56].

Ferner werden Beförderungen vollzogen, wenn Beförderungsstellen vorhanden sind. Eine Differenzierung nach Leistung erfolgt in der Regel nicht.

Diese Praxis, die dem geltenden Recht nicht entspricht, hängt mit der mangelnden Qualifikation der Vorgesetzten zusammen. Dies ist indes nicht

---

52 Vgl. Vorblatt des Strukturreformgesetzes unter B und D.

53 Vgl. Anlage II zu § 13 Abs. 2 Satz 1 des Artikels 3 des Strukturreformgesetzes.

54 Vgl. Bull-Kommission, S. 136.

55 Nach Erfahrungen von Beratungsunternehmen sowohl in privaten wie auch in öffentlichen Institutionen befinden sich indes jeweils zwischen 10 und 20% der Beschäftigten an den extremen Rändern.

56 Vgl. *Günter Bochmann*, Theorie und Praxis des Leistungsgrundsatzes nach der Dienstrechtsreform, ZBR 2004, S. 405 ff. (S. 410); Klages, der von Speyer aus zahlreiche Mitabeiterbefragungen durchgeführt hat, kommt sogar zu dem Ergebnis, dass bei Beschäftigten, die sich aktiv und kreativ einbringen und verantwortungsvolle Aufgaben übernehmen wollen, ein Insistieren auf dem Vorrang materieller Anreize angesichts eines faktischen Vorrangs nicht materieller Dispositionen bei den Bediensteten keineswegs ungefährlich ist; vgl. *Helmut Klages*, Leistungsmotivation durch Anreize?, in: ders. (FN 8), S. 143 ff. (S. 153).

einmal allein den Führungskräften vorzuwerfen, auch wenn viele Vorgesetzte den Konflikt mit einem Mitarbeiter scheuen und deswegen selbst dann eine gute Note vergeben bzw. eine Beförderung empfehlen, wenn dies nicht angezeigt ist. Grund dafür ist, dass bei der Auswahl von Führungskräften Laufbahnentwicklung und Fachkompetenz eine zu große Rolle im Vergleich zu den wichtigeren Management- und Führungskompetenzen spielen[57].

Wenn aber die Vorgesetzten nicht in der Lage sind, ein relativ einfaches System auszufüllen, dann ist nicht zu erwarten, dass sie ein komplizierteres System, wie es das Strukturreformgesetz entwirft, bewältigen werden.

IV.

Auch wenn das Strukturreformgesetz mit den leistungsbezogenen Bezahlelementen nicht der große Wurf ist, weitere Reformen des öffentlichen Dienstes sind angesichts der großen Herausforderungen (u. a. des qualitativen und quantitativen Aufgabenwandels, des schnellen Wandels der Technik, der erhöhten Anforderungen der Bürger sowie der Wünsche der Beschäftigten und dies alles in einer extrem schwierigen Finanzsituation) dringend erforderlich[58]. Deshalb müssen die Effizienz der Organisation permanent gesteigert und das Kostenbewusstsein, insbesondere hinsichtlich der Personalkosten, geschärft werden. Die Personalkosten dürfen nicht mit dem Hinweis, die Beamten seien „eh da", ausgeblendet werden. Erforderlich sind echte Aufgabenkritik und die Verbesserung der internen Strukturen und Prozesse. Die Beschäftigten müssen lernen, vom Adressaten her zu denken, was häufig missverständlich als Kundenorientierung bezeichnet wird[59]. Entscheidend ist jedoch die Förderung von Engagement und Motivation der Beschäftigten. Beides wird beeinflusst durch die Attraktivität der Arbeitsplätze und vor allem durch das Führungsverhalten.

Attraktive Arbeitsplätze bedeuten einmal ein Umfeld, das den Wünschen der Mitarbeiter nach Möglichkeit entspricht.

---

57 Vgl. *Helmut Klages* (FN 6), 28 f.

58 Vgl. *Frieder Naschold,* Modernisierung des Staates, 1993, S. 63 ff.; *Heinrich Reinermann,* Die Krise als Chance: Wege innovativer Verwaltungen, Speyerer Forschungsberichte 139, 1994, S. 7 ff.; *Herbert Mandelartz,* Modern und Bürgernah – Saarländische Kommunen im Wettbewerb, der Städtetag, 1995, S. 705; *ders.,* Reform von innen statt Verlagerung nach außen. Verwaltungsmodernisierung statt Organisationsprivatisierung, Verwaltung und Management 1995, 152 ff. (156 f.).

59 Vgl. *Ernst-Hasso Ritter,* Integratives Management und Strategieentwicklung in der staatlichen Verwaltung, DÖV 2003, S. 93 ff. (S. 103 ff.), *Herbert Mandelartz,* Modern und Bürgernah (FN 58), S. 707.; *ders.,* Reform von innen statt Verlagerung nach außen (FN 58) S. 158; Fortschrittsbericht 2005 des Regierungsprogramms „Moderner Staat – Moderne Verwaltung, hrsg. v. BMI 2005, S. 44 ff.

Attraktive Arbeitsplätze heißt aber auch Eigenverantwortlichkeit und Spielräume bei der inhaltlichen Gestaltung der Arbeit.

Die Frage, welche Spielräume dabei eingeräumt werden können, sowie wann und in welchem Umfang Kontrolle stattfindet, kann nicht allgemeingültig beantwortet werden. Die Antwort hängt von der Aufgabe und von den Beschäftigten ab. Der Vorgesetzte muss den Beschäftigen indes zunächst einmal vertrauen. Die Mitarbeiter müssen zeigen, dass sie diesem Vertrauen gerecht werden, indem sie über die entscheidenden Sachverhalte im richtigen Zeitpunkt informieren.

Da die materiellen Rahmenbedingungen häufig nicht zu ändern sind, hängt das Engagement der Mitarbeiter entscheidend von den Führungsqualitäten der Vorgesetzten ab. Die Motivation ist dann hoch, wenn es den Vorgesetzten gelingt, der Arbeit Sinn zu geben und eine Identifikation mit den Zielen der Behörde herzustellen[60].

Die Vorgesetzten haben ein Klima des Vertrauens zu schaffen. Sie haben die Mitarbeiter zu fordern und zu fördern. Sie haben sie gerecht und fair zu behandeln. Sie sollen ihnen ein konstruktives Feedback zu ihrer Arbeit geben. Sie sollen Fehler ansprechen und korrigieren sowie die Mitarbeiter in berechtigten Fällen loben. Der Satz: „Warum soll ich loben, mich lobt auch keiner“ sollte der Vergangenheit angehören[61]. Die Vorgesetzten sollen sich für die Mitarbeiter als Mensch interessieren und sie bei der Problemlösung beteiligen[62]. Sie müssen – wie schon ausgeführt – das richtige Verhältnis von Freiheit und Bindung finden. Derzeit werden Vorgesetzte diesem Anspruch nicht immer gerecht.

Die Vorgesetzten müssen zudem auf ihre Aufgabe vorbereitet werden. Erforderlich ist ein verbindliches Personalentwicklungskonzept, das bereits bei der Einstellung ansetzt und die Anforderungen an die Führungspersönlichkeit festlegt sowie ein begleitendes Weiterbildungskonzept, das Angebote bereit hält, durch die die Mitarbeiter die erforderlichen Qualifikationen erwerben können. Wenn in der Wirtschaft mittlerweile ein enormer Bedarf an Weiterbildung für Führungskräfte festgestellt wird, gilt dies erst recht für die öffentliche Verwaltung[63]. Neben der vorausgesetzten erforderlichen

---

60 Auf diesem Wege gelingt es auch, die wichtige emotionale Bindung an die Aufgabe zu schaffen. Denn nur Beschäftigte mit einer hohen emotionalen Bindung sind zu Spitzenleistungen bereit. Beschäftigte mit einer geringen emotionalen Bindung verrichten hingegen eher Dienst nach Vorschrift, wie die letzte Gallup-Studie zur Messung der emotionalen Bindung von Mitarbeiterinnen und Mitarbeiter vom 21. 10. 2004 nachweist.

61 Ich selbst hatte ein Aha-Erlebnis, als mir bei einer Jahresabschlussbesprechung auf meine Frage, was ich denn falsch mache, mein späterer Nachfolger als Leiter der Polizeiabteilung antwortete, Sie arbeiten zu viel und Sie loben zu wenig.

62 Vgl. *Heinz Evers* (FN 47), S. 88; *Herbert Mandelartz,* Frühe Einbindung der Beschäftigten in die Reform, VOP 3 / 99, S. 35 ff.

Sachkenntnis muss der Mitarbeiter lernen, zuhören zu können; sich zurück nehmen zu können; eigene Fehler zugeben zu können; also das lernen, was man weiche Faktoren im Führungsverhalten nennt.

Der Einsatz auf unterschiedlichen Arbeitsplätzen in verschiedenen Abteilungen sollte verbindlich vorgesehen werden, damit der zukünftige Vorgesetzte über den Tellerrand seiner Organisationseinheit hinausschaut und den Blick für das Ganze bekommt. Außerdem werden seine Fähigkeiten so von mehreren Vorgesetzten und damit objektiver beurteilt.

Der Wissens- und Erfahrungsaustausch zwischen Wirtschaft und Verwaltung muss intensiviert, der Personalaustausch institutionalisiert werden. Erforderlich sind ferner ereignisunabhängige jährliche Mitarbeitergespräche, ein regelmäßiges so genanntes Vorgesetzten Feedback und regelmäßige Mitarbeiterbefragungen[64]. Zum Teil werden diese Instrumente bereits eingesetzt. Die Praxis ist allerdings sehr verbesserungsbedürftig.

Die Organisation muss darauf ausgerichtet sein, dass Führungsqualitäten sich überhaupt entfalten können. Kleinstreferate sind deshalb abzuschaffen, weil der Leiter eines solchen Referates sich eher als sein bester Sachbearbeiter, denn als Führungskraft sieht[65]. Heute hängt die Höhe der Bezahlung von einer bestimmten Stufe an allerdings von der Wahrnehmung einer Referatsleiterfunktion ab. Deshalb werden Referate geschaffen bzw. Kleinstreferate nicht aufgelöst. Dies muss geändert werden.

Referenten, die hervorragende Leistungen erbringen, müssen befördert werden können, ohne dass sie eine Leitungsfunktion übernehmen müssen. Dann brauchen auch solchen Referenten, die mangels Führungsqualitäten als Vorgesetzte nicht geeignet sind, nicht wider besseres Wissen Führungsfähigkeiten bescheinigt zu werden, nur damit sie befördert werden können. Neben Führungskarrieren müssen deshalb Fachkarrieren aufgebaut werden[66]. Das gilt insbesondere für IT-Spezialisten und Techniker, die aus der Wirtschaft vermehrt interessante Angebote erhalten.

Die Frage, ob monetäre Anreize die Arbeitsmotivation steigern und die Bereitschaft der Beschäftigten zur innovativen Umgestaltung der Verwal-

---

63 Vgl. zum gestiegenen Bedarf in der Privatwirtschaft: *Christine Abel / Joachim Becker* (FN 45), S. 388.

64 Vgl. etwa die Übersicht in: Aktivitäten auf dem Gebiet der Staats- und Verwaltungsmodernisierung in den Ländern und beim Bund, hrsg. v. Unterausschuss Allgemeine Verwaltungsorganisation des Arbeitskreises VI der Innenministerkonferenz 2001, S. 44, S. 116 ff., S. 123 f., S. 156 ff.

65 Zum Teil umfassen Referate neben der Referatsleitung nur noch einen weiteren Beschäftigten. Nach § 9 der Gemeinsamen Geschäftsordnung der Bundesministerien soll ein Referat indes neben der Referatsleitung mindestens vier Mitarbeiter oder Mitarbeiterinnen umfassen.

66 Im Rahmen der Verwaltungsmodernisierung in NRW ist von der interministeriellen Arbeitsgruppe „Status und Entgeltsysteme“ der Vorschlag gemacht worden, in Bereichen, in denen dies sinnvoll ist, Fachkarrieren einzuführen.

tung erhöhen, wird – wie bereits ausgeführt – in Wissenschaft und Praxis unterschiedlich beantwortet[67].

Unabhängig davon, dass der Entwurf des Strukturreformgesetzes einige Grundvoraussetzungen nicht erfüllt, die vorliegen müssen, damit eine leistungsorientierte Bezahlung motivierend wirken kann, kommt hinzu, dass die flankierenden Rahmenbedingungen noch nicht gegeben sind, um ein solches Modell einzuführen. Wenn auch in der Vergangenheit viel angestoßen und zum Teil auch bewegt worden ist, so steht vieles doch nur auf dem Papier[68]. Deswegen bin ich sehr skeptisch hinsichtlich der Einführung des Modells des Strukturgesetzes zumindest zum derzeitigen Zeitpunkt. Außerdem bin ich noch nicht überzeugt, dass ein stark leistungsbezogenes Bezahlmodell für den öffentlichen Dienst die Motivation der Beschäftigten fördern und die Effizienz der Organisation steigern wird.

Ich glaube nämlich immer noch, dass die Mitarbeiter im öffentlichen Dienst davon bestimmt oder jedenfalls mitbestimmt sind, für andere und für die Gemeinschaft sinnvolle Tätigkeiten zu verrichten. Diese Serviceethik kann leicht mit finanziellen Anreizen in Konflikt kommen, so dass diese dann kontraproduktiv wirken[69].

Für jede oberste Bundesbehörde sollte ein abstrakter Karriereverlaufsplan entwickelt werden. Er sollte getrennt für Führungs- und Fachkarrieren gelten und die durchschnittlichen Wartezeiten zwischen den Beförderungsmöglichkeiten festlegen. Im Ergebnis sollte er dazu führen, dass ein „durchschnittlicher“ Beamter mit einem bestimmten Lebensalter sein Endgehalt erreicht. Wer bessere Leistungen erbringt, steigt schneller auf, wer unterdurchschnittliche Leistungen erbringt, langsamer. Damit würde jedem eine verlässliche Perspektive geboten.

Für besondere Leistungen sollte als Belohnung und aus Gerechtigkeitsgründen, nicht in erster Linie mit dem Ziel der Motivation eine Jahresabschlussprämie gezahlt werden können.

Schließlich: Wer den Anforderungen seines Aufgabenbereiches über einen längeren Zeitraum nicht gerecht wird, sollte entlassen werden können.

V.

Es war richtig, dass der Bundesinnenminister die Reform des öffentlichen Dienstes angegangen ist. Für ein stark leistungsbezogenes Bezahlmodell

---

67 Vgl. oben FN 45.

68 Vgl. *Werner Jann* u. a., Status-Report Verwaltungsreform. Eine Zwischenbilanz nach zehn Jahren, 2004, S. 104.

69 *Ludwig Theuvsen* (FN 45), S. 491; *Helmut Klages,* Leistungsmotivation durch Anreize, in: ders. (FN 8), S. 143 ff. (S. 153).

sind allerdings die flankierenden Rahmenbedingen noch nicht erfüllt. Es kommt deshalb – unabhängig von anderen Einwänden – zu früh. Der Bundesinnenminister wäre besser beraten gewesen, wenn er die letztlich für die Personalentwicklung wichtigeren Themen wie Ausbildung, Fortbildung, Beurteilung, ja allgemein verbesserte Formen der Personalführung aufgegriffen hätte. Damit könnte ein wirklicher Beitrag zur Steigerung der Leistungsfähigkeit des öffentlichen Dienstes geleistet werden[70].

Ich möchte mit einer persönlichen Bemerkung, einem Auszug aus einem Gedicht schließen. Es ist von Bertolt Brecht und es zeigt mit welcher Themenvielfalt Brecht sich befasst hat und wie weitsichtig er Anfang der 50er Jahre bereits war:

„An einen jungen Bauarbeiter der Stalinallee[71]

Dem, der das Kommando gibt, sag:
Kommando muss sein, bei so vielen, in so großen
Unternehmungen
Mit so wenig Zeit;
Aber kommandiere so,
Dass ich mich selber mitkommandiere.
Erkundige dich, was da ist,
Wenn du etwas forderst, Genosse."

Brecht hat unter dieses Gedicht geschrieben: „Fragment"; und so verstehe ich auch diesen Vortrag.

---

70 Vgl. *Ulrich Battis,* Hergebrachte Grundsätze vs. Ökonomismus: Das deutsche Beamtenrecht in der Modernisierungsfalle?, DÖV 2001, S. 309 ff. (S. 317).

71 *Bertolt Brecht,* Gedichte, Bd. IX, Aufbau-Verlag, Berlin und Weimar 1969, S. 175.

Das Opfer des Lebens

Von Bernhard Schlink, Berlin

An die Stelle des Opfers, das man bringt, ist das Opfer getreten, das man ist. Die moralische Wertschätzung und der Anspruch auf gesellschaftliche Anerkennung und Unterstützung, die einst dem zustanden, der sich als Soldat oder Arzt oder Krankenschwester für andere geopfert hat, werden heute dem zuerkannt, der zum Opfer geworden ist, weil Menschen ihn ungerecht behandelt oder Katastrophen der Natur oder der Technik ihn ungerecht betroffen haben. Diese Verschiebung hat in Deutschland durchgreifender stattgefunden als in anderen Ländern; in Deutschland ist die Rolle des Opfers, das man bringt, besonders diskreditiert, und wird die Rolle des Opfers, das man ist, besonders gewürdigt.

Dass die Opfer, die im Krieg gebracht werden, bei Männern das Opfer des Lebens, bei Frauen das Opfer der Männer und der Söhne, aber auch des Schmucks, den sie spenden, und der Zeit, die sie an den Lazarettdienst und ans Scharpiezupfen wenden, als Opfer auf dem Altar des Vaterlands eine zivilreligiöse Weihe genießen, verstand sich im 19. und frühen 20. Jahrhundert in allen Nationalstaaten. Aber in Deutschland ging die Verherrlichung des Opfers weiter; sie wurde im Ersten Weltkrieg zu einer Verherrlichung des Opfers um des Opfers willen. *Georg Simmel* pries 1914 die Weihe des Opfers, bei dem der Verstand nicht mehr wägt und nicht mehr rechnet, *Ina Seidel* ließ 1918 die Toten mahnen: „beweint uns nicht, fragt nicht nach dem Gewinn ..., das Opfer ist des Opfers letzter Sinn", *Ernst Jünger* fand 1923 des Menschen tiefstes Glück darin, geopfert zu werden – drei Stimmen aus einem großen Chor.

Auf diesen Opfermythos konnte der Opferkult aufbauen, den der Nationalsozialismus theoretisch und szenisch entwickelte, zunächst als Variation des Schemas von Fall und Erhebung, bei der die Opfer der Bewegung die Wende zur nationalen Gesundung einleiteten, zuletzt als Feier des totalen Opfers im totalen Krieg. Auch philosophisch blieb der Opfermythos lebendig; 1943 verklärte *Martin Heidegger* das Opfer als „die allem Zwang enthobene, weil aus dem Abgrund der Freiheit erstehende Verschwendung des Menschenwesens in die Wahrung der Wahrheit des Seins für das Seiende".

Diese Opferrhetorik hat sich 1945 nicht nur erledigt, weil sie auf absurde Weise übertrieben hatte, weil die Opfer, die den Sieg hatten bringen sollen, die Niederlage nicht verhindert hatten und weil jede Kriegsrhetorik sich im Frieden erledigt. Sie war diskreditiert, weil die Opfer, die gepriesen worden waren, sich als Täter der furchtbarsten Verbrechen erwiesen. Damit wurde die andere Opferrolle attraktiv, in der man nicht auch Täter, sondern nur Opfer war, Opfer von Bombardierung, Vertreibung und Gefangenschaft. Die Lektüre der in den fünfziger Jahren vom Bundesministerium für Vertriebene veranstalteten Dokumentation der Vertreibung der Deutschen aus Ost-Mittel-Europa zeigt, wie dieses neue Opferbewusstsein wuchs; je früher nach der Vertreibung die Zeugnisse abgefasst sind, desto nüchterner sind sie gehalten, je später, desto wehleidiger und anklagender schreiben sie die Opferrolle aus.

Aber auch diese Opferrolle hatte keinen Bestand. Als sich in den sechziger und siebziger Jahren die Einsicht durchsetzte, dass die Opfer von Bombardierung, Vertreibung und Gefangenschaft doch nicht nur Opfer, sondern auch Täter, Helfer, Profiteure, Zu- oder Wegschauer gewesen waren, verlor die deutsche Opferrolle überhaupt ihre Evidenz. Es dauerte bis zum Beginn dieses Jahrhunderts, dass über Bombardierung, Vertreibung und Gefangenschaft wieder in Ausführlichkeit und mit Anteilnahme geschrieben werden konnte.

So brüchig die deutsche Opferrolle wurde – die gewissermaßen universelle Opferrolle blieb durch das immer deutlicher wahrgenommene, beschriebene und gewürdigte Opferschicksal der Juden positiv besetzt, ja, sie wurde in den sechziger und siebziger Jahren mit der Anerkennung des Opferschicksals der Juden zur moralischen Rolle schlechthin. Heutige Opferschicksale, seien die Ursachen Krieg, Unterdrückung, Ausbeutung und Diskriminierung oder Hunger, Natur- und Technikkatastrophen, zehren von der moralischen Qualität des Opferstatus der Juden im Holocaust. Wenn ihre Furchtbarkeit ganz deutlich gemacht werden soll, werden sie im gesellschaftlichen und politischen Sprachgebrauch denn auch gerne mit den Begriffen der Judenverfolgung und -ermordung bezeichnet und ist von einem Auschwitz im Kosovo, von Selektionen unter bosnischen Muslimen und von einem Holocaust mit Gas getöteter Kurden die Rede.

Die Heroisierung und existentialistische Verklärung von Opferbereitschaft und Opfergang ist in Deutschland aber nicht nur passé, weil die Diskreditierung des Opfers, das man bringt, nach den Verbrechen des Dritten Reichs so tiefgreifend und die moralische Anerkennung des Opfers, das man ist, im Opferschicksal der Juden so zwingend war. Die Übertragung des positiven Wertakzents vom einen auf den anderen Opferbegriff konnte so erfolgreich nur sein, weil in Deutschland keine Opfer verlangt und gebracht werden mussten. Spätestens seit dem Bau der Mauer war der Kalte Krieg derart erstarrt, dass die Aussicht, das Leben in einem heißen Krieg opfern zu müssen, ganz unwahrscheinlich war. Ohnehin hatte es viel für sich, lieber rot als tot zu sein – die Landsleute im östlichen Teil Deutschlands kamen damit ja auch zurecht.

Andere Länder, die insofern in einer anderen Lage waren, haben die Übertragung des positiven Wertakzents nicht in gleichem Maß vollzogen. Schon der östliche Teil Deutschlands, der sich bis zur Wiedervereinigung auf einen Umschlag des Kalten Kriegs in einen heißen intensiver vorbereitete als der westliche, hat sich um ein heroisches Bild des kämpfenden und sich aufopfernden Soldaten bemüht. Amerika, das seit dem Zweiten Weltkrieg immer wieder von seinen Soldaten das Opfer des Lebens verlangt hat, hat in seinen Filmen dieses Opfer immer wieder heroisiert. Israel sieht auch deshalb in heilsgeschichtlicher zionistischer Interpretation die im Holocaust ermordeten Juden als Märtyrer, die ihr Leben gegeben haben, um die Notwendigkeit und Berechtigung des jüdischen Staats zu bezeugen, weil es in seinem Konflikt mit den Arabern auf die Opferbereitschaft seiner Soldaten setzen muss. Die muslimischen Selbstmordattentäter wollen mit dem Opfer, das sie bringen, endlich heroisch die Rolle des Opfers überwinden, das sie über Jahrzehnte waren. Wo Opfer verlangt und gebracht werden müssen, kommt die Gesellschaft mit einem positiven Begriff des Opfers, das man ist, nicht aus. Sie braucht einen positiven Begriff des Opfers, das man bringt.

Auch für Deutschland wird immer wahrscheinlicher, dass das Opfer des Lebens wieder verlangt und gebracht werden muss. Aus dem Windschatten der Geschichte, in dem Deutschland sich seit dem Zweiten Weltkrieg über fünfzig Jahre behaglich eingerichtet hatte, wird es immer mehr herausgefordert und tritt es auch immer mehr heraus. Es ist damit zu rechnen, dass die Auslandseinsätze der Bundeswehr eines Tages nicht nur bei Hubschrauberabstürzen und Autounfällen Opfer fordern, sondern die Soldaten in Situationen bringen werden, in denen sie mit- und füreinander kämpfen und ihr Leben einsetzen müssen. Es ist auch damit zu rechnen, dass Anschläge des islamischen Terrorismus eines Tages in Deutschland in größerer Zahl Opfer fordern und dabei, wie der Anschlag des 11. September 2001 in New York, der Polizei und Feuerwehr den Einsatz des Lebens abverlangen werden. Zur Abwehr von Anschlägen mit Flugzeugen verlangt das Luftsicherheitsgesetz, das die Flugzeuge abzuschießen erlaubt, von den Passagieren das Opfer des Lebens. Wo derart Opfer gefordert werden, bedarf es auch der Opferbereitschaft: der Opferbereitschaft der Soldaten, Polizisten und Feuerwehrmänner, der Bürger, die mit dem Flugzeug reisen.

Gewiss, wer als Soldat beim Auslandseinsatz, als Polizist und Feuerwehrmann beim Einsatz nach einem terroristischen Anschlag und als Passagier im Flugzeug sein Leben verliert, ist Opfer im moralisch positiv besetzten Sinn, und es lässt sich fragen, warum er daneben oder statt dessen noch ein positiv besetztes Opfer gebracht haben soll. Es lässt sich auch fragen, ob die doppelte Bedeutung des deutschen Worts „Opfer“, für das andere Sprachen verschiedene, aus einerseits sacrificium und andererseits victima entwickelte Worte haben, nicht einen tiefen Sinn darin offenbart, dass am Ende alle Opfer gleich sind: die, die ihr Leben zum Opfer gebracht, und die, die es ohne ihr Zutun und gegen ihren Willen verloren haben. Es lässt sich sogar bezweifeln, ob die beiden Opferbegriffe klar voneinander geschieden sind: Hat der im Unwetter tödlich verunglückte Bergsteiger sein Leben seiner Leidenschaft geopfert oder ist er ein Opfer des Unwetters geworden?

Aber die Begriffe sind klar voneinander geschieden. Das Opfer, das man ist, kann schlechterdings weder gefordert noch gerechtfertigt werden. Dass Natur- und technische Katastrophen Leben fordern, ist bloße Redeweise, und die Opfer können nur betrauert werden. Beim Opfer, das man bringt, lässt sich nach der Rechtfertigung fragen. Ob die Antwort aus einer Norm des Rechts oder der Moral folgt, aus der Liebe zu Gott oder zum Nächsten, aus einer gesellschaftlich vermittelten oder allein persönlich empfundenen Verantwortung oder Zuneigung – es gibt sie. Die Rechtfertigung definiert geradezu das Opfer, das man bringt. Selbst beim Bergsteiger stiftet die Leidenschaft für das lebensgefährliche Abenteuer einen Rechtfertigungskontext, in dem er nicht nur ein Opfer des Unwetters ist.

Weil die Gesellschaft nur fordern kann, was sie auch rechtfertigen kann, kann sie nur fordern, dass man ein Opfer bringt, nicht, dass man ein Opfer ist. Muss sie es fordern, dann muss sie den Begriff des Opfers, das man bringt, auch positiv besetzen, die Rechtfertigung sichtbar und die Rolle attraktiv machen und zur Anerkennung bereit sein. Heroisierung kann übertrieben, befremdlich und lächerlich geraten. Aber zuerst einmal ist sie die Anerkennung eines Opfers, das für andere gebracht wurde. Ohne die Anerkennung kann die Gesellschaft das Opfer nicht fordern.

Tut sie es gleichwohl, dann erleben die Betroffenen es, als verlange die Gesellschaft von ihnen nicht, ein Opfer zu bringen, sondern Opfer zu sein. Die Vorstellung, als nicht freiwilliger, sondern wehrpflichtiger Soldat im Krieg sein Leben zu lassen, lässt Studenten regelmäßig nach der Würde des Menschen fragen. Wird der Soldat im Krieg nicht zum bloßen Mittel strategischer und taktischer Planung gemacht und im tödlichen Einsatz als bloßes Mittel geopfert? Auch wenn die Studenten darauf hingewiesen werden, dass die Definition der Menschenwürde, mit der Verfassungsrechtsprechung und -wissenschaft arbeiten, über die konkrete Behandlung als bloßes Mittel hinaus ein prinzipielles Moment einschließt, ein Moment der Infragestellung, Abwertung und Missachtung als Subjekt und Person, bleiben viele von ihnen bei ihrer Ansicht. Sie sehen in den Soldaten nicht Subjekte, die ihr Leben zum Opfer bringen, sondern Objekte, die zu Opfern gemacht werden, und eben darin liegt für sie auch schon die Missachtung und Verletzung der Würde.

Ist diese Sicht in der Gesellschaft gängig? Jedenfalls ist die gegenteilige Sicht, die ein positives Bild des Soldaten böte, der sein Leben opfert, nicht präsent. Es gibt keine heroisierenden, zu Bewunderung und Nachahmung einladenden Bücher oder Filme über die Einsätze im Kosovo oder in Afghanistan. Sollte Deutschland tatsächlich in die Lage geraten, von seinen Soldaten, Polizisten, Feuerwehrmännern und auch Bürgern in größerer Zahl das Opfer des Lebens verlangen zu müssen, ist es schlecht vorbereitet.

Wendet sich die Suche nach einer Rechtfertigung für das Opfer des Lebens, die heute auf Zustimmung hoffen kann, den Antworten zu, die Rechts- und Staatsphilosophie in der Vergangenheit hervorgebracht haben, dann wird sie lange nicht fündig.

Aristoteles sieht den Bürger dem Ganzen der Polis so verpflichtet, wie er auch nur als Teil der Polis existiert; daher müsse der Bürger, wenn die Existenz der Polis auf dem Spiel steht, seine Existenz für die Polis aufs Spiel setzen. Ähnlich ist das Leben des Bürgers bei *Rousseau* »nicht nur eine Gabe der Natur, sondern ein bedingtes Geschenk des Staates«; weil der Bürger sein Leben auf Kosten der anderen erhalte, müsse er es auch für sie hingeben. Beide Mal wird Zugehörigkeit zum Gemeinwesen in einer Intensität als erfahren oder doch erfahrbar vorausgesetzt, die heute nicht mehr akzeptiert und kaum noch verstanden wird. Das Gemeinwesen ist nicht mehr der Ort der Selbstentfaltung und lohnt daher auch nicht mehr den Preis der Selbsthingabe. Die Bürger suchen und finden Selbstentfaltung privat, in der Familie und mit den Freunden, im Verein, in der Kirche, beim Hobby, auf Reisen, im Ausland wie im Inland, immer weniger in der staatlich doch mitgestalteten und mitverantworteten Arbeitswelt und allenfalls gelegentlich in den staatlich gestalteten und verantworteten politischen Lebensräumen.

Auch die *Hobbes*sche Rechtfertigung des Opfers des Lebens aus dem Zusammenhang von Schutz und Gehorsam überzeugt heute nicht mehr. Zwar findet sie in der Notwendigkeit des Selbstschutzes eine Grenze, die die Rechtfertigung bei Aristoteles und Rousseau nicht kennt und aus der die Freiheit zum allerdings gefährdeten Los des Deserteurs folgt. Aber der Zusammenhang von Schutz und Gehorsam kann die Rechtfertigung im europäisierten und globalisierten Deutschland nicht mehr leisten. Deutschland bleibt der Bezugspunkt für die arbeits-, sozial- und wirtschaftspolitischen Erwartungen der Bürger, und die Bürger erwarten auch, dass die Polizei Sicherheit und Ordnung gewährleistet. Vor den großen Gefahren terroristischer Anschläge, atomarer oder chemischer Verseuchung oder kollabierender Energieversorgung kann Deutschland keinen hinreichenden Schutz bieten. Der einzelne lernt, sich zu fragen, ob er seinen Schutz nicht anderswo suchen will, wo die Energieversorgung nicht so wichtig ist, keine atomaren oder chemischen Anlagen stehen und nichts das Interesse von Terroristen weckt, auf Mallorca oder in Kanada oder in Tasmanien. Kein Bürger opfert als Soldat gehorsam sein Leben im Kosovo oder in Afghanistan, weil Deutschland ihn andererseits schützt.

Obwohl *Hegel* die skizzierten Rechtfertigungen und die sie tragende Vorstellung, durch Aufopferung des Lebens könne die Sicherung des Lebens erreicht werden, ablehnt, bleibt auch seine Rechtfertigung heute fremd. Für ihn ist der Sinn des Kriegs, dass »die sittliche Gesundheit der Völker in ihrer Indifferenz gegen das Festwerden der endlichen Bestimmtheiten erhalten wird, wie die Bewegung der Winde die See vor der Fäulnis bewahrt«, und der Sinn des Opfers des Lebens im Krieg, dass der Soldat, der es bringt, sich seiner Freiheit von den besonderen Zwecken, Gütern und Genüssen des Lebens und seiner Vereinigung und Einordnung ins Allgemeine vergewissert. Dieses Verständnis von Krieg und Opfer ist die Schwelle zu der oben gekennzeichneten Rhetorik des Opfers um des Opfers willen.

Dazwischen steht *Kant*. Auch für ihn ist selbstverständlich, dass die Bürger zum Kriegsdienst verpflichtet werden können; anders als für Hegel gilt für ihn die Logik der Sicherung des Lebens durch Aufopferung des Lebens. Dabei lässt er Hobbes hinter sich, indem er kein Recht auf Selbstschutz durch Desertion kennt, und Rousseau, indem er die Anforderungen an die Zustimmung der Bürger verschärft. Er bindet nicht nur den Kriegsdienst allgemein, sondern auch die besondere Kriegserklärung an die freie Zustimmung der Repräsentanten der Bürger. Ohne die freie Zustimmung sieht er den Bürger, dem im Krieg das Opfer des Lebens abverlangt wird, nicht als Zweck anerkannt, sondern nur als Mittel benutzt, wie er auch im Beruf des Söldners einen „Gebrauch von Menschen als bloßen Maschinen und Werkzeugen in der Hand eines anderen . . . , der sich nicht wohl mit dem Rechte der Menschheit in unserer eigenen Person vereinigen läßt", sieht.

Kant verbindet die Rechtfertigung des Opfers des Lebens im Krieg mit der Stellung des Menschen als Zweck und nicht als Mittel. Das macht ihn heute, wo das Opfer des Lebens im Krieg zum Würdeproblem geworden ist, für die Frage nach der Rechtfertigung so wichtig. Denn um die Stellung des Menschen als Zweck und nicht als Mittel, als Subjekt und nicht als Objekt kreist heute verfassungsrechtlich das Verständnis der Menschenwürde und die Diskussion, wann sie gewahrt und verletzt ist.

Darauf, dass Kant den Beruf des Söldners ablehnt, wo doch eine Berufsarmee heute gerne als ein besonders schonendes, gerechtes und gewiss nicht menschenwürdegefährdendes Mittel der Landesverteidigung angesehen wird, muss nicht weiter eingegangen werden; der Beruf des Soldaten, der seinem Land dient, ist etwas anderes als der Beruf des Söldners, der jedem dient, der ihn löhnt. Auch darauf, dass Kant die Verletzung der Menschenwürde mit der Zustimmung der Repräsentanten der Bürger ausgeschlossen sieht, während das Verfassungsrecht heute Verletzungen der Menschenwürde durch das Handeln der Repräsentanten der Bürger für möglich hält und daher eigens verbietet, soll hier nicht eingegangen werden; Kant hatte noch nicht die Erfahrungen, die im 20.Jahrhundert in repräsentativen Demokratien mit Machtmißbrauch gemacht wurden.

Entscheidend ist die Gleichung, die Kant zwischen der Stellung als Zweck und nicht als Mittel und der Zustimmung überhaupt herstellt. An anderer, nicht auf den Kriegsdienst und die Kriegserklärung bezogener und beschränkter Stelle fordert er noch klarer, das leidende Subjekt „niemals bloß als Mittel, sondern zugleich selbst als Zweck zu gebrauchen", nur um durch diese Forderung die andere Forderung zu erläutern, es „keiner Absicht zu unterwerfen, die nicht nach einem Gesetz, welches aus dem Willen des leidenden Subjekts selbst entspringen könnte, möglich ist". Der Kant, den Verfassungsrechtsprechung und -wissenschaft in der so genannten Objektformel tradieren, ist ein halbierter Kant. Dem ganzen Kant geht es nicht nur um Selbstschutz, sondern um Selbstgesetzgebung. Für ihn wird der Mensch, dem etwas zugemutet oder abverlangt wird, auch der, dem ein Opfer zugemutet und abverlangt wird, dann nicht als Mittel genommen, sondern als Zweck gesehen und in seiner Würde geachtet, wenn er es unter einem Gesetz bringt, dem er zugestimmt hat oder, wenn es nicht zum Gegenstand seiner Zustimmung geworden ist, zugestimmt hätte, wenn es dazu geworden wäre.

Dem Gesetz stimmt er nicht alleine zu. Stimmt er als Bürger zu, dann mit anderen Bürgern als Glied der staatlichen Gemeinschaft. Aber er ist Glied auch anderer Gemeinschaften: der Familie, des Freundeskreises, einer Mannschaft, einer Gruppe von Soldaten, Polizisten oder Feuerwehrmännern im gemeinsamen Einsatz, einer Gruppe von Überlebenden nach einer Katastrophe. Kants Überlegung gilt allgemein. Wo immer eine Gemeinschaft existiert, die etwas von ihren Gliedern beziehungsweise deren Glieder etwas voneinander verlangen, erfolgt das Verlangen ohne Verletzung der Menschenwürde, wenn die Glieder der Gemeinschaft ihm zugestimmt haben oder zugestimmt hätten.

Die Gemeinschaft kann auch virtuell sein. Eine entsprechende Konstellation bietet das überkommene strafrechtsdogmatische Schulbeispiel des Weichenstellers, der einen Eisenbahnarbeiter, der an einem Gleis beschäftigt ist, opfert, damit der unaufhaltsam heranrasende Zug nicht auf einem anderen Gleis einen Wagen mit einer Gruppe von Menschen tötet. Der Eisenbahnarbeiter und die Menschen im Wagen bilden eine Gemeinschaft von Menschen, die von einer Gefahr gemeinsam betroffen und darauf angewiesen sind, dass einige von ihnen sich opfern, damit die anderen leben. Die Situation lässt nicht zu, dass die beteiligten Menschen sich als Gemeinschaft konstituieren und betätigen. Ihre Gemeinschaft wird durch den heranrasenden Zug konstituiert, ihre Gesetzgebung und ihr Gesetzesvollzug durch den Weichensteller realisiert.

Das ist die Härte des Schulbeispiels. Die Gemeinschaft kann sich nicht konstituieren, sie kann sich über das Gesetz, unter dem sie das Opfer des Lebens verlangt, nicht verständigen, und sie kann dem, von dem sie es verlangt, keine Verhaltensalternativen lassen. Der Soldat, von dem das Opfer des Lebens verlangt wird, hat Verhaltensalternativen, indem er kämpfen und sich sogar noch auf verlorenem Posten seiner Haut wehren und sie teuer verkaufen kann. Die Überlebenden eines Flugzeugabsturzes können sich darüber verständigen, wer an der Absturzstelle bleibt, das Signalfeuer unterhält und, wenn die Rettungsmannschaft nicht kommt, sterben muss, während die anderen vielleicht den nächsten Ort erreichen: der Kranke, damit die Gesunden durchkommen, der Alte, damit die Jungen überleben, oder der, den das Los bestimmt. Sie können sich auch darüber verständigen, ob sie sich überhaupt als Gemeinschaft konstituieren oder nicht jeder für sich bleiben und sorgen wollen.

Dass dies alles im Schulbeispiel nicht möglich ist, macht aber auch seine Evidenz. Es geht schlechterdings nicht anders. Wenn es anders ginge, wenn der Eisenbahnarbeiter über seine Zugehörigkeit zur Gemeinschaft entscheiden, sich mit den anderen über die Bewältigung der Gefahr verständigen und, selbst wenn es letztlich sein Leben kosten muss, auf verschiedene Weisen verhalten könnte, wäre das Opfer seines Lebens durch den Weichensteller eine Verletzung seiner Würde.

Der Weichensteller würde die Würde des Eisenbahnarbeiters auch dann verletzen, wenn er ihn in Ansehen seiner Person als Opfer auswählen würde. Das gilt nicht nur für eine von Hass oder Neid bestimmte Auswahl, sondern auch für eine Auswahl, die verantwortlich den Wert der beteiligten Menschen abzuschätzen und abzuwägen suchte und statt des Eisenbahnarbeiters die im Wagen sitzenden Eisenbahningenieure und -manager retten oder in anderem Kontext statt der Mutter die kinderlose Frau, statt des Vaters den kinderlosen Mann und statt des Künstlers oder Wissenschaftlers den Taugenichts opfern würde.

Die Gemeinschaft mag jemanden wegen seiner Funktion, seiner Kenntnisse und Fertigkeiten als mögliches Opfer ausschließen. Der einzelne mag sich in Ansehen seines Alters, seiner Krankheit oder seines Unglücks freiwillig als Opfer anbieten. Aber das Gesetz, unter dem die Gemeinschaft antritt, ist das Gesetz der Gleichheit, das kein Ansehen der Person kennt. Wie sollte aus dem Willen der gemeinsam gefährdeten, leidenden, zur Opferbereitschaft verurteilten Subjekte ein anderes Gesetz entspringen?

Gemeinsam gefährdet, gegenseitig aufeinander angewiesen, einander Gleichheit und einen größtmöglichen Entscheidungs-, Verständigungs- und Verhaltensspielraum zuerkennend, bilden die Beteiligten eine Solidargemeinschaft. Das Opfer, das sie unter diesen Voraussetzungen verlangen und bringen, ist als solidarisches Opfer gerechtfertigt.

Der positive Begriff des Opfers, das man bringt, geht mit einem positiven Begriff von fordernder und verpflichtender Solidarität zusammen. Auch der positive Begriff des Opfers, das man ist, geht mit einem Begriff von

Solidarität zusammen: dem Begriff einer berechtigenden und gewährenden Solidarität. Das eine Mal fordert die Solidargemeinschaft ein Opfer und nimmt den einzelnen in die Pflicht, das andere Mal sieht sie den einzelnen als bedürftiges und berechtigtes Opfer und gewährt Unterstützung. Wie heute an die Stelle des Opfers, das man bringt, das Opfer getreten ist, das man ist, trägt auch der Begriff der Solidargemeinschaft heute eher die Vorstellung von Berechtigung und Gewährung als von Forderung und Verpflichtung.

Dies ist der eine Grund, warum die Gesamtgesellschaft als eine Solidargemeinschaft, für die das Opfer des Lebens gefordert werden kann, heute schwerlich in Betracht kommt. Der andere Grund ist, dass die Gesamtgesellschaft die nationale Gesellschaft ist, die Gesellschaft des Nationalstaats, der durch Entwicklungen der Europäisierung und Globalisierung relativiert und in Deutschland überdies historisch belastet ist. Solidargemeinschaften, in denen die Bereitschaft zum Opfer des Lebens erwartet und gefordert werden kann, sind eher die kleinen Gefahrgemeinschaften, die der gemeinsame Einsatz als Soldaten, Polizisten oder Feuerwehrmänner oder auch der Zufall stiftet, durch den eine Katastrophe mehrere gemeinsam betrifft. Selbst in Amerika, das die nationale Solidargemeinschaft noch ungebrochen feiert, wird in den Kriegs- und Katastrophenfilmen nicht die Gesellschaft als Opfergemeinschaft heroisiert, sondern die kleine Gruppe.

Aber als opferwürdige Solidargemeinschaft wurde die Nation nicht nur durch kleinere Einheiten ersetzt. Europa ist so klein geworden und die Welt so nah gerückt, dass in der jungen Generation Ansätze eines Solidarbewusstseins und -gefühls wachsen, das der Menschheit gilt. Wie einerseits die jungen Menschen, die bei einem Auslandseinsatz der Bundeswehr oder bei einem Einsatz nach einem terroristischen Anschlag ihr Leben riskieren, in ihrer Opferbereitschaft eher von der Solidargemeinschaft derer getragen werden, die das gleiche Schicksal teilen, als von der Solidargemeinschaft der Deutschen, dürften andererseits mehr junge Menschen für einen lebensgefährlichen Einsatz zu gewinnen sein, der der Menschheit zu helfen verspricht, als für einen, der den Interessen Deutschlands dient.

Was aber die Passagiere des Flugzeugs betrifft, die das Luftsicherheitsgesetz abzuschießen erlaubt, so ist der Dreh- und Angelpunkt des Problems die Ungewissheit der Situation. Wo ist die Solidargemeinschaft? Sie besteht aus den Passagieren, die das Opfer des Lebens bringen sollen, und denen am Boden, die beim Anschlag mit dem Flugzeug ihr Leben verlören und durch den Abschuss gerettet werden. Aber woher soll die Gewissheit kommen, dass der Anschlag gelänge und die am Boden ihr Leben verlören? Woher die Gewissheit, dass andere am Boden ihr Leben nicht gerade durch den Abschuss und Absturz des Flugzeugs verlieren? Es gibt eine Solidargemeinschaft der Passagiere im Flugzeug, denen durch den Abschuss jeder Entscheidungs-, Verständigungs- und Verhaltensspielraum genommen wird. Woher soll die Gewissheit kommen, dass sie nicht mehr handeln können und für sie gehandelt werden muss? Woher schließlich die Gewissheit, dass der Verteidigungsminister, der den Befehl zum Abschuss gibt, mehr weiß als der Pilot, der abschießen soll und dem dadurch, dass er einen Befehl bekommen hat, die Verantwortung doch nicht abgenommen werden kann?

Unter dem Thema des Opfers des Lebens wurde bisher von Kriegen, Einsätzen im Ausland und nach terroristischen Anschlägen gehandelt, aber nicht von dem Opfer des Lebens, das in unserer Gesellschaft am häufigsten verlangt und gebracht wird: dem Opfer des ungeborenen Lebens.

Der besonderen Situation der Schwangerschaft ist der Begriff der Solidargemeinschaft nicht angemessen. Die werdende Mutter und das in ihr wachsende Kind bilden eine Gemeinschaft von einzigartiger Intensität und Asymmetrie. Ebenso einzigartig sind daher auch die Rechtfertigungsüberlegungen, die beim Schwangerschaftsabbruch anzustellen sind.

Anders steht es mit den Rechtfertigungsüberlegungen zur Stammzellforschung und zur Präimplantationsdiagnostik. In anderen Ländern entsteht bei Bemühungen zur künstlichen Befruchtung stets eine Vielzahl in vitro erzeugter Embryonen, die von derselben Frau und demselben Mann stammen und der Frau nicht alle auf einmal eingepflanzt werden können. Wird die Frau beim ersten Versuch nicht schwanger, werden sie ihr beim zweiten Versuch eingepflanzt oder entsprechend beim dritten oder vierten. Hat ein Versuch Erfolg, bleiben Embryonen übrig, die nicht durch Schwangerschaft zur Geburt gebracht werden. Das deutsche Recht will dies ausschließen und lässt in vitro nur die Erzeugung von so vielen Embryonen zu, wie tatsächlich eingepflanzt werden können. Die Folge ist, dass jeder erneute Versuch für die Frau mit einem erneuten Eingriff verbunden ist, der eigentlich vermeidbar und eine erhebliche physische und psychische Belastung ist. Das Ziel ist die Vermeidung der Entstehung von todgeweihtem Leben.

Darin liegt ein doppeltes Missverhältnis. Zum einen gehen die Belastungen der wiederholten vermeidbaren Eingriffe bei der künstlichen Befruchtung über die Zumutungen, unter denen eine Schwangerschaft abgebrochen werden darf, weit hinaus. Zum anderen passt die Entschlossenheit, mit der die Entstehung todgeweihten Lebens in vitro vermieden wird, nicht zu der Großzügigkeit, mit der sie in vivo zugelassen wird, wo Embryonen durch den Gebrauch eines Pessars abgetötet und ausgeschieden werden dürfen. Wenn das doppelte Missverhältnis beseitigt würde, würde auch in Deutschland bei einer künstlichen Befruchtung eine Vielzahl von Embryonen entstehen, von denen nur einige, aber nicht alle eingepflanzt werden können – eine virtuelle Gemeinschaft von lebens- und todgeweihten Embryonen.

Wenn dann die, die nicht eingepflanzt werden können, für die Forschung geopfert werden, wird Leben geopfert. Aber es ist das solidarische Opfer von Leben, das ohnehin nicht die Chance zur eigenen Entfaltung als Mensch und Person hat, wohl aber die Chance, durch einen Beitrag zu Forschung und Therapie anderen zu helfen oder sogar andere zu retten. Auch in der Präimplantationsdiagnostik wird Leben geopfert, und auch hier wird mit dem präimplantationsdiagnostisch untersuchten und zerstörten embryonalen Leben ein solidarisches Opfer für die Einpflanzung eines gesunden Geschwisterembryos beziehungsweise für die Geburt eines gesunden Geschwisterkinds gebracht.

Dass die Beschäftigung mit dem Opfer des Lebens heute vom Opfer des Soldaten im Krieg bis zum Opfer des Embryos für die Forschung reicht, zeigt einen letzten Grund für die Verschiebung des Opferbegriffs an. Wenn im Opfer des Embryos für die Stammzellforschung oder Präimplantationsdiagnostik gemeinhin nicht ein Opfer gesehen wird, das der Embryo bringt, sondern nur ein Opfer, das der Embryo ist, dürfte dies daran liegen, dass der Zugriff, den die moderne medizinische Wissenschaft auf die Entstehung des menschlichen Lebens nimmt, weithin als technische Überwältigung natürlicher Lebenszusammenhänge erlebt wird. Der Embryo wird durch das deutsche Recht deshalb nur bei Entstehung in vitro und nicht auch bei Entstehung in vivo geschützt, weil er nicht davor geschützt wird, das Leben zu verlieren, sondern davor, das Opfer eines wissenschaftlich-medizinisch-technischen Fortschritts zu werden, der die Ordnung aus den Fugen hebt, in der Geburt, Leben und Tod ihre natürliche, vielleicht schicksalhafte, vielleicht gottgewollte Richtigkeit haben. Der Fortschritt wird als eine Bedrohung abgewehrt, die nicht nur den Embryo, sondern den Menschen in der ihm gemäßen Stellung in der Welt bedroht – zum Opfer einer technischen Überwältigung zu machen droht.

Vor dieser anonymen Überwältigung zählt nicht mehr, was der einzelne will und tut. Als ebenso überwältigend wie heute der medizinische Fortschritt wurde lange der physikalische Fortschritt empfunden, der mit der Atombombe den atomaren Krieg möglich macht, in dem Soldaten keinen Heroismus mehr zeigen, keine Opfer mehr bringen, sondern nur noch Opfer sein können. Die Katastrophen von Tschernobyl und Seveso haben sich dem Bewusstsein als Ereignisse eingeschrieben, in denen die atomare oder chemische Technik ihre menschlichen Fesseln gesprengt und den Menschen zum wehr- und hilflosen Opfer gemacht hat. Sogar in den Katastrophen der Natur begegnet nicht mehr nur deren gewissermaßen natürliche Gewalt, sondern eine von menschlichem Fortschritts- und Wachstumswahn ökologisch und klimatisch beschädigte Natur und in ihr wieder die technische Überwältigung, der kein Opfer standhält, das man bringen, sondern unter der man nur Opfer sein kann.

Mit der Entfesselung des wissenschaftlich-technischen Fortschritts wird die natürliche Ordnung des menschlichen Lebens als gefährdet oder überhaupt zerstört empfunden – von den Kriegen über die Katastrophen bis zur Entstehung des menschlichen Lebens. Das Opfer des Lebens, das gefordert und gebracht wird, ist als Moment der Solidarität auch ein Moment dieser Ordnung. Indem diese Ordnung überwältigt wird, bleibt auch nur noch das überwältigte Opfer – das Opfer, das man ist.

Aber tatsächlich wandelt sich die Ordnung nur. Die natürliche, schicksalhafte, gottgewollte Ordnung des menschlichen Lebens gibt es nicht. Daher wird sie auch durch keine Stammzell- und keine Atomforschung, keine chemischen und keine Klimakatastrophen überwältigt. Die menschliche Ordnung stellt sich unter neuen wissenschaftlichen und technischen Bedingungen immer wieder neu her.

Auch die Solidargemeinschaften, die zur menschlichen Ordnung gehören, stellen sich neu her: statt der Nation einerseits kleinere Einheiten, andererseits die Menschheit, und der Embryo ist Glied einer Gemeinschaft von Geschwisterembryos wie Teil der Menschheit. Mit ihnen stellen sich neue Bedingungen her, unter denen das Opfer des Lebens zu fordern und zu bringen ist: im Auslandseinsatz, im Einsatz nach einem terroristischen Anschlag, in vitro. Aber die Rechtfertigung des Opfers aus der Zustimmung in der Gemeinschaft bleibt, und dem solidarischen Opfer, das man bringt, bleibt ein moralischer Wert, den das Opfer, das man ist, nicht hat und nicht ersetzen kann.

Grenzenlose Freiheit? – Freiheit und Herrschaft im Recht der Europäischen Union

Von Bengt Beutler, Bremen

Das Begriffspaar Freiheit und Herrschaft scheint zum Recht der Europäischen Union nicht recht zu passen – zu eng sind die Begriffe von Freiheit und Herrschaft und ihre wechselseitige Beziehung ausschließlich mit dem Begriff eines Staates verwoben, der als Inbegriff souveräner Herrschaft und Ordnungsmacht Freiheit erst ermöglicht und sichert.

Dieses Denken belegen der Blick sowohl in die tagespolitische Diskussion wie in die Denkmuster wissenschaftlich – rechtsdogmatischer Theorienbildung. Die Beispiele reichen von der Konzeption oder jedenfalls den Denkmustern der gegenwärtigen amerikanischen Außenpolitik[1] über die Doktrin der „failed states" angesichts weltweiter ethnischen Auseinandersetzungen und die aktuellen Bemühungen zur Konfliktbewältigung auf dem Balkan bis zur Entstehungs- und Rezeptionsgeschichte des modernen National- und Verfassungsstaates[2].

Diese Beispiele dokumentieren aber bis in die Gegenwart auch, dass staatliche Herrschaft nicht allein Garant für die Freiheit des Einzelnen (und damit auch der gleichen Freiheit aller – Herrscher wie Beherrschter –) ist. Sie kann vielmehr durchaus auch gegen die Freiheit aller oder einzelner missbraucht werden.

Als Schutz gegen einen solchen Missbrauch hat bislang – wenn auch in unterschiedlichem Umfang und mit unterschiedlichem Erfolg – die *innerstaatliche* Verfassungsentwicklung eine entscheidende Bedeutung gehabt. Diese Entwicklung hat im Begriff des Verfassungsstaates ihren abschließenden Ausdruck – und in Deutschland in der Rspr. des Bundesverfassungsgerichts eine besonders differenzierte Ausprägung – gefunden. Nach einer gerade jüngst viel zitierten[3] Formulierung des Jubilars aber lebt der frei-

---

1 Zu aktuellen wissenschaftlichen Diskussion aus der Sicht des Völkerrechts siehe z. B. *Nico Krisch,* International Law in Terms of Hegemony: Unequal Power and the Shaping of the International Legal Order EJIL 2005, S. 369 ff.

2 Für Deutschland siehe z. B. *Ernst-Wolfgang Böckenförde* (Hrsg.), Moderne deutsche Verfassungsgeschichte, Köln 1972.

3 Zuletzt in „Das Wagnis der Freiheit" Podiumsdiskussion anlässlich der Verleihung des Hannah-Arendt-Preises 2004 an Ernst-Wolfgang Böckenförde, Festschrift, Berlin / Bremen 2005.

heitliche, säkularisierte Staat von Voraussetzungen, die er selbst nicht garantieren kann. Das sei das große Wagnis, das er, um der Freiheit Willen, eingegangen sei.

Eine der entscheidenden Weichenstellungen für die Entwicklung des internationalen Rechts in einer zunehmend globalisierten, d. h. umfassenden Weltordnung, aber ist die Beantwortung der Frage, ob und wie dieses Wagnis nicht von außen unterstützt werden kann – und unterstützt werden muss.

Die Sicherung des Rechts und der Freiheit des einzelnen von *außen* aber war gerade einer der entscheidenden Impulse für die europäische Nachkriegsintegration: Nationalstaatliche Allmachtphantasien sollten in eine umfassende überstaatliche Ordnung eingebunden und Missbrauch staatlicher Macht verhindert werden. Nach dem überzeugenden Start dieses Projekts durch die Montanunion ist seine weitere unmittelbare Umsetzung mit der Nichtbehandlung des Vertrags über die Europäische Verteidigungsgemeinschaft 1955 bekanntlich gescheitert. Das hat aber die *relance européenne* durch die Gründung der Europäischen Wirtschaftsgemeinschaft 1958 nicht aufgehalten[4]. Im Rahmen dieser Entwicklung hat die Freiheit des einzelnen in der Gestalt der Grundfreiheiten des Gemeinsamen Marktes einen beispiellosen Siegeszug angetreten und mitgliedstaatliche Grenzen und Vorbehalte in einem bisher unbekannten Masse beseitigt. Diese Entwicklung hat – durchaus im Sinne ihrer Erfinder – Sogwirkung auf die politische Integration entfaltet und zum Europäischen Traum als Universalmodell und als Folge einer zweiten Aufklärung[5] wie zum Projekt einer Europäischen Verfassung geführt, wobei beide Projekte durchaus voneinander unterschieden werden sollten[6].

Allerdings beschleichen inzwischen manchen Betrachter Zweifel an dem Nutzen einer solchen Entwicklung. Das gilt gleichermaßen für den Verdacht, mit den Grundfreiheiten lediglich einer zügellosen Selbstläufigkeit von Marktgesetzen und damit dem globalen Wirtschaftsliberalismus und Kapitalismus Tür und Tor geöffnet zu haben (einem häufig in der Diskussion um den Verfassungsvertrag genannten Argument), der allein die ungezügelte Freiheit der wirtschaftlich Mächtigen bis zur Funktionalisierung der Menschenwürde ermöglicht[7], wie auch für die Befürchtung, die Hand-

---

4 Zur eindrucksvollen Beurteilung dieser Entwicklung aus der gegenwärtigen Perspektive siehe *Ulrich Everling*, Europäische Union, Europäische Menschenrechtskonvention und Verfassungen, EuR 2005, S. 411 ff.

5 *Jeremy Rifkin*, Der Europäische Traum, Frankfurt / New York 2004, S. 338 ff.

6 *Ralf Dahrendorf*, „Vereint oder offen?" Die europäische Alternative, SZ 15. Juli 2005, S. 14.

7 EuGH, Urteil vom 09. 10. 2001, Rs. C-377 / 98 (Königreich der Niederlande / Europäisches Parlament) – Zur Wirksamkeit der Richtlinie über den rechtlichen Schutz biotechnologischer Erfindungen, m. Anm. von *Markus Rau / Frank Schorkopf*

lungsfähigkeit der bisher erreichten Integration bei ihrer grenzenlosen Ausweitung zu überdehnen[8] und gleichzeitig den Staat als Garanten der Freiheit zu zerstören.

Zwischen solchen Extremen scheint die Konzeption einer freiheitsverbürgenden europäischen Herrschaftsidentität als einer eigenen und legitimen Ordnungsmacht konturenlos zu einem bloßen Phantom zu verschwimmen und das einzig Beständige die ernüchternde Erfahrung und Enttäuschung des Unbeständigen – wie die Treue der Frauen in Mozarts Oper „Così fan tutte" – keiner hat sie je gesehen[9].

Doch mögen die Grundlagen der Freiheiten in der Europäischen Union auch wirtschaftlicher Natur sein, so reicht ihre Entwicklungslogik über den wirtschaftlichen Bereich weit hinaus. Ihre bis in die Gegenwart ausgezogenen Grundlinien sind in der frühen Rechtsprechung des Europäischen Gerichtshofs formuliert[10]. Mit dem Konzept der Gemeinschaftsverträge als einer „neuen rechtlichen Ordnung" sind nicht nur rechtsförmige, sondern auch inhaltliche Implikationen mit weitreichenden herrschafts- und freiheitsrechtlichen Konsequenzen verbunden. Diese bilden die Brücke zu einer rechtlich verfassten politischen Union, die nicht ein Aliud, sondern im Sinn der ursprünglichen Vertragsfunktion Folge der neuen rechtlichen Ordnung ist. Deren Elemente und ihr eigentlicher Antrieb aber sind die jenseits des Staates garantierten Freiheiten des Einzelnen und die Ausbildung freiheitssichernder Institutionen außerhalb der bisherigen staatlichen Herrschaftsform.

In den Worten des Gerichtshofs ist

> „das Ziel des EWG-Vertrages ... die Schaffung eines gemeinsamen Marktes, dessen Funktionieren die der Gemeinschaft angehörigen Einzelnen unmittelbar betrifft; damit ist zugleich gesagt, daß dieser Vertrag mehr ist als ein Abkommen, das nur wechselseitige Verpflichtungen zwischen den vertragsschließenden Staaten begründet. Diese Auffassung wird durch die Präambel des Vertrages bestätigt, die sich nicht nur an die Regierungen, sondern auch an die Völker richtet. Sie findet eine noch augenfälligere Bestätigung in der Schaffung von Organen, welchen Hoheitsrechte übertragen sind, deren Ausübung in gleicher Weise die Mitgliedstaaten wie die Staatsbürger berührt. Zu beachten ist ferner, daß die Staatsangehörigen der in der Gemeinschaft zusammengeschlossenen Staaten dazu berufen sind, durch das Europäische Parlament und den Wirtschafts- und Sozialausschuß zum

---

m. w. N., NJW 2002, S. 2448 ff.– kritisch dazu, *Katharina Frahm / Jochen Gebauer* – Patent auf Leben? EuR 2002, S. 78 ff.

8 Siehe dazu *Ernst-Wolfgang Böckenförde,* Europa und die Türkei – Die europäische Union am Scheideweg? Festvortrag anlässlich der Verleihung des Hannah-Arendt-Preises für politisches Denken 2004 an Ernst-Wolfgang Böckenförde (FN 3), S. X ff.

9 Zu Così fan tutte siehe *Ivan Nagel,* Autonomie und Gnade, München 1985, S. 37 ff. (unter III. „Die Sozietät der Töne").

10 EuGH van Gend &Loos / Niederlande, Rs. 26 / 62, Slg. 1963, S. 3, und Costa / E.N.E.L. Rs. 6 / 64, Slg. 1964, S. 1253.

Funktionieren dieser Gemeinschaft beizutragen. Auch die dem Gerichtshof im Rahmen von Art. 177, der die einheitliche Auslegung des Vertrages durch die nationalen Gerichte gewährleisten soll, zukommende Aufgabe ist ein Beweis dafür, daß die Staaten davon ausgegangen sind, die Bürger müßten sich vor den nationalen Gerichten auf Gemeinschaftsrecht berufen können.

Aus alledem ist zu schließen, daß die Gemeinschaft eine neue Rechtsordnung des Völkerrechts darstellt, zu deren Gunsten die Staaten, wenn auch in begrenztem Rahmen, ihre Souveränitätsrechte eingeschränkt haben, eine Rechtsordnung, deren Rechtssubjekte nicht nur Mitgliedstaaten, sondern auch die Einzelnen sind."[11]

Herrschaftsrechtlich begründet diese neue rechtliche Ordnung den Durchsetzungsanspruch der Europäischen Gemeinschaft allein auf der Grundlage des von den Mitgliedstaaten verbindlich vereinbarten Vertragsrechts, für dessen Durchsetzung die Mitgliedstaaten aber auch in die – wiederum allein rechtlich begründete – Pflicht genommen werden. Neben diesen, nicht nur ausdrücklich vertraglich festgelegten Mitwirkungspflichten der Mitgliedstaaten[12] und ihren Durchsetzungsmöglichkeiten im Vertragsverletzungsverfahren hat der Europäische Gerichtshof diese Verpflichtung in ständiger Rechtsprechung und Fortentwicklung des Konzepts einer neuen rechtlichen Ordnung mit dem Schutz der durch nationales Recht ungeschmälerten Rechte des Einzelnen begründet – bis zu Schadensersatzansprüchen gegen den Mitgliedstaat vor dessen eigenen Gerichten bei einer offensichtlichen Verletzung von Gemeinschaftsrecht durch den Mitgliedstaat[13]. Parallel dazu haben die Verträge die Sanktionsmöglichkeiten bei der Vollstreckung von Urteilen des Europäischen Gerichtshofes wegen einer Vertragsverletzung der Mitgliedstaaten verschärft.

Die Entwicklung dieses rechtsbegründeten und – gebundenen Herrschaftssystems hat in der rechtswissenschaftlichen Kommentierung allerdings weniger zur positiven Einschätzung seiner eigenen Tragfähigkeit im Sinn einer selbsttragenden Verfassung[14], sondern vielmehr zu Zweifeln an seiner – insbesondere demokratischen – Legitimität geführt[15].

Gegen das zahlenmäßig erdrückende „Defizit"-Schrifttum möchte ich nur darauf verweisen, dass der EuGH schon früh entscheidend auf das institutionelle Gleichgewicht zwischen den Organen hingewiesen hat[16] – und auch darauf, dass die Verfassungsgeschichte der Europäischen Integration vor allem auch eine Geschichte der zunehmenden Bedeutung des Europäi-

---

11 EuGH van Gend & Loos (FN 10) Rn. 9 und 10.

12 Siehe dazu jetzt EuGH Urteil vom 16. 06. 2005, Rs. C-105/03 Pupino, EuGRZ 2005, S. 380 ff.

13 Grundlegend EuGH verb. Rs C-6 und 9/90 und C-479/93 Francovic, Slg. 1991 I, S. 5357 und 1995 I, S. 3843.

14 Siehe *Ernst-Wolfgang Böckenförde,* Staat, Verfassung und Demokratie, Frankfurt/M. 1991, S. 299 ff.

15 *Ders.,* S. 29 ff.

16 EuGH Roquette Freres/Rat der EG, Rs. 138/79, Slg. 1980, S. 3333.

schen Parlaments ist – nicht zuletzt auch mit Unterstützung durch die Rechtsprechung des Gerichtshofs, die sich auch hier durchaus im Sinne einer inhaltlich neuen Rechtsordnung durch die Perspektive „Mehr Macht durch Recht“ kennzeichnen lässt[17]. Schließlich sollte auch die positive Einschätzung der Rechtsetzung im Sinne einer deliberativen Demokratietheorie nicht unerwähnt bleiben, deren Perspektive sich mit einer inhaltlich orientierten Gemeinwohlbetrachtung[18] überschneidet.

Bemerkenswert scheint mir in diesem Zusammenhang aber auch die Ambivalenz der genannten Legitimationseinwände: Sie bestreiten einen damit faktisch vorausgesetzten Herrschaftsanspruch mit dessen Mangel an Legitimation und trennen insoweit nicht zwischen normativer und deskriptiver Betrachtung. Das verkennt, dass das Bindeglied nur der empirische Befund einer funktionsfähigen und funktionierenden neuen rechtlichen Ordnung sein kann. Deren Geltungsanspruch ist von Seiten der Europäischen Union aber nachdrücklich in Art. 6 und 7 EUV formuliert. Nach Art. 6 beruht die Union auf den Grundsätzen der Freiheit, der Demokratie, der Achtung der Menschenrechte und Grundfreiheiten der Rechtsstaatlichkeit und achtet die Grundrechte[19]. Art. 7 ermöglicht die Suspendierung der Mitgliedschaft bei einer schwerwiegenden Verletzung dieser Grundsätze durch einen Mitgliedstaat.

Dieser Anspruch berührt in mehrfacher Hinsicht die freiheitsrechtlichen Konsequenzen der neuen rechtlichen Ordnung. Gegen den Einwand eines ungebremsten Marktkapitalismus als Folge des Gemeinsamen Marktes und seiner Grundfreiheiten ist auf die institutionellen Aufsichtsbefugnisse zunächst der Kommission hinzuweisen, die aber zunehmend wiederum durch innerstaatliche Aufsichtsbefugnisse ergänzt werden müssen, um freiheits- und legitimationsstiftend wirken zu können[20]. In der Auseinandersetzung um den Verfassungsvertrag ist andererseits viel zu wenig beachtet, dass dieser die inhaltliche Kontrolle von Marktmacht sprachlich sehr viel genauer formuliert als bisher. So heißt es in Art. 3 unter I – 3 – Die Ziele der Union in Abs. 3:

> „Die Union wirkt auf die nachhaltige Entwicklung Europas auf der Grundlage eines ausgewogenen Wirtschaftswachstums und von Preisstabilität, eine in hohem Maße wettbewerbsfähige soziale Marktwirtschaft, die auf Vollbeschäftigung und sozialen Fortschritt abzielt.“[21]

---

17 Siehe dazu schon *Bengt Beutler*, Mehr Macht durch Recht? EuR 1984, S. 143 ff.

18 Beispiele bei *Peter Häberle*, Europäische Verfassungslehre, Baden-Baden 2001/2002, insbes. S. 376 ff.

19 Siehe dazu *Bengt Beutler*, Kommentierung zu Art. 6 EUV in: von der Groeben/Schwarze, Kommentar zum Vertrag über die Europäische Union, 6. Aufl. Baden-Baden 2003, Rn. 20 ff. und 39 ff.

20 Siehe dazu *Jens-Peter Schneider*, Vollzug des Europäisches Wirtschaftsrechts, EuR Beiheft 2/2005, S. 141 ff., 152/153.

Bei den Wirkungen der neuen Freiheiten gegenüber einschränkenden Regelungen der Mitgliedstaaten, die sich auf den Verbraucherschutz berufen, setzt der Gerichtshof ausdrücklich auf den selbst aufgeklärten Marktbürger, dem die eigene Entscheidung durch präzise Herkunftsbezeichnungen ermöglicht wird[22].

Im Übrigen ist auf den weiten Anwendungsbereich des gemeinschaftsrechtlichen Verbraucherschutzes hinzuweisen[23], der bis in die zivilrechtlichen Kodifikationen der Mitgliedstaaten eingedrungen ist.

Die freiheitsrechtlichen Konsequenzen der neuen rechtlichen Ordnung haben allerdings zu einer bemerkenswerten und bislang einmaligen Dialektik des Bezugs von Grundfreiheiten und Grundrechten geführt. Die Unanwendbarkeit jeglichen mitgliedstaatlichen Rechts, das mit dem Gemeinsamen Markt nicht vereinbar ist, hat zur Notwendigkeit eines ausreichenden kompensatorischen Grundrechtsschutzes im Gemeinschaftsrecht geführt. Der Gerichtshof hat diese gemeinschaftlichen Grundrechte aus der Logik der neuen rechtlichen Ordnung selbst abgeleitet, deren Impulse jetzt in der Charta der Grundrechte aufgenommen sind[24]. Dazu gehört auch die Menschenwürde[25], die ebenfalls Eingang in die Grundrechtecharta[26] und den Verfassungsvertrag[27] gefunden hat. Einschränkungen von Freiheiten können nicht allein durch den kleinsten gemeinsamen Nenner der Mitgliedstaaten gerechtfertigt sein[28].

Zum anderen sind nach der Rspr. des Gerichtshofs auch bei Auslegung und Anwendung der Grundfreiheiten die allgemeinen Grund- und Menschenrechte zu beachten[29]. Damit ist über die gemeinsamen normativen Grundlagen in Art. 6 EUV und das Aufsichtsverfahren des Art. 7 die, wenn auch begrenzte, Kontrolle mitgliedstaatlichen Rechts durch Gemeinschaftsgrundrechte ermöglicht[30].

Sowohl bei den herrschaftsrechtlichen wie den freiheitsrechtlichen Folgen der neuen rechtlichen Ordnung wird das Ineinandergreifen gemeinschaftlicher und mitgliedstaatlicher Rechtsordnungen deutlich. Es liegt daher auch in der Logik dieses Ineinandergreifens, dass die Abgleichung mit

21 Die Europäische Verfassung – Vertrag über eine Verfassung für Europa, Paderborn 2004, S. 11.

22 EuGH Kommission / BRD – Bier-Reinheitsgebot – Rs. 107 / 84, Slg. 1985, S. 2655.

23 EuGH Faccini Dori / Recreb, Rs. C-91 / 92, Slg. 1994, I-S. 3325.

24 Siehe dazu *Beutler* (FN 19) Rn. 97 ff.

25 EuGH, Urteil vom 09. 10. 2001 (FN 7).

26 Art. 1 der Grundrechtscharta.

27 Abschnitt 2 Art. 1 des Entwurfs eines Verfassungsvertrags.

28 EuGH Atlanta / Rat und Kommission, Rs. C-286 / 93, Slg. 1995 I, S. 3761.

29 EuGH Rs. C-159 / 0 – Protection of Unborn Children, Slg. 1991 I, S. 4685.

30 Zu dieser Problematik siehe *Beutler* (FN 19) Rn. 68 f.

dem innerstaatlichen Rechtsschutz eine zentrale Argumentationslinie der europäischen Verfassungsentwicklung bildet[31]. Hier gibt es ein reiches Anschauungsmaterial vor allem, aber nicht nur, in der Rechtsprechung des Bundesverfassungsgerichts bis zur Entscheidung zum europäischen Haftbefehl[32].

Die an diese Entscheidung anschließende Diskussion macht aber auch deutlich[33], wie sehr eine systematische Lösung der Zuordnung von Freiheit und Herrschaft in der Europäischen Union vor allem auch eine Frage der Kooperation – hier der Verfassungsgerichte – ist[34].

Kooperation aber setzt das einigende Band von Kommunikation voraus – und in der bisherigen Kommunikation darüber ist der gemeinsame Begriff für den Zusammenhang von Freiheit und Herrschaft in der Europäischen Union noch nicht gefunden. Ist die Europäische Union wie die Gemeinschaft ein Zweckverband[35], ein Staatenverbund[36] oder am Ende gar doch ein unvollendeter Bundesstaat[37]? Diese Fragen werden auch durch den Verfassungsvertrag, dessen Zukunft ungewiss ist, solange nicht beantwortet, wie er seine Legitimation nicht aus der überwältigenden Zustimmung der Unionsbürger ableiten kann[38]. Die Antwort aber der freien Entscheidung mündiger Bürger zu überlassen, ist das Wagnis, dass die Mitgliedstaaten zusammen in und zunehmend mehr mit der Europäischen Union eingegangen sind.

Voraussetzungen und Inhalte von Kommunikation bewusst zu machen ist nicht zuletzt einer der sie legitimierenden Aufgaben von Wissenschaft. Ob und wie diese Aufgabe von den Beteiligten in der ihnen eingeräumten Freiheit insbesondere des Wissenschaftsbetriebs erfüllt wird, kann – um dieses Bild noch einmal zu gebrauchen – der freiheitliche Staat nicht garantieren – wohl aber müsste er dafür Sorge tragen, dass diese Freiheit nicht nur ermöglicht, sondern auch nicht gegenüber einzelnen missbraucht wird.

Lassen Sie mich das abschließend durch ein Beispiel reflexiver Kommunikation als Bild aus einem ganz anderen Bereich illustrieren: In Richard

31 Dazu die Beiträge in *Jürgen Schwarze* (Hrsg.), Die Entstehung einer europäischen Verfassungsordnung, Baden-Baden 2000.

32 BVerfG, Beschluss vom 18. 07. 2005 – 2 BvR 2236 / 04, NJW 2005, S. 2289 ff.

33 *Christian Tomuschat,* Ungereimtes. Zum Urteil des Bundesverfassungsgerichts vom 18. Juli 2005 über den Europäischen Haftbefehl, EuGRZ 2005, S. 453 ff. m. w. N.

34 Einleuchtend *Renate Jaeger,* Menschenrechtsschutz im Herzen Europas, EuGRZ 2005, S. 193 ff., 194.

35 So schon *Hans Peter Ipsen,* Europäisches Gemeinschaftsrecht, Tübingen 1972, S. 196 ff.

36 BVerfGE 89, 155 (Maastricht).

37 So zunächst der Titel von *Walter Hallstein,* Die Europäische Gemeinschaft, 5. Aufl., Düsseldorf / Wien 1979.

38 Dazu *Dieter Grimm,* Integration by Constitution, I.-CON / International Journal of Constitutional Law 2005, S. 193 ff., 196 f.

Wagners Oper „Die Meistersinger“ wird uns die funktionierende Welt ordentlicher Handwerker vorgeführt, die mit dem Wunsch eines Außenstehenden konfrontiert wird, eine neue Melodie einzuführen. Das Vorhaben würde misslingen, gäbe es nicht Hans Sachs als Inkarnation eines zünftigen und zugleich aufgeklärten Handwerkers. Ihm ist es zu verdanken, dass dem Neuling und Neuerer die Synthese von altem zu neuem gelingt. Trotzdem lehnt er am Ende zunächst ab, ein Mitglied in der Zunft der Meister zu werden. Das veranlasst Hans Sachs zu seiner berühmten Arie: Verachtet mir die Meister nicht, in der es dann zu der von den Meistern gepflegten Kunst heißt:

> „Dass uns're Meister sie gepflegt grad recht nach ihrer Art
> Nach ihrem Sinne treu gehegt, das hat sich ächt bewahrt:
> Bliebe sie nicht adlig wie zur Zeit, wo Höf' und Fürsten sie geweiht
> Im Drang der schlimmen Jahr blieb sie doch deutsch und wahr;
> ... zerfällt erst deutsches Volk und Reich in falscher wälscher Majestät
> kein Fürst dann mehr sein Volk versteht;
> und wälscher Dunst mit wälschem Tand
> sie pflanzen uns in's deutsche Land.“[39]

In einer Inszenierung von *Peter Konwitschny* an der Hamburgischen Staatsoper im Jahr 2002[40] unterbricht an dieser Stelle einer der Meister Hans Sachs und fragt ihn, ob er wisse, was er da eigentlich singe. Minutenlang entspinnt sich auf der Bühne darüber ein lebhafter Dialog zwischen den Beteiligten mit aufklärenden Anmerkungen, bis aus dem Orchestergraben die Stimme des Dirigenten die Sänger zur Fortsetzung mahnt und die Oper zu ihrem musikalisch bekannten und applaudierten Abschluss geleitet wird.

In seiner Inszenierungskonzeption sagt Konwitschny:

> „Jedes Werk ist klüger als sein Autor, weil im schöpferischen Prozess Dinge einfließen, die dem Künstler nicht bewusst sind und die über seine Absichten weit hinaus gehen, ihnen sogar widersprechen können. Das ist eines der tiefsten Geheimnisse der Kunst, ja jeden schöpferischen Aktes.“[41]

Jean Monnet soll gesagt haben, dass er bei nochmaliger Gründung der Europäischen Gemeinschaften mit der Kultur begonnen hätte. Freiheit und Kultur sind untrennbar miteinander verwoben[42]. Dieser Zusammenhang wird aber auch zerrissen, wenn die sie verbindende Sprache fehlt. Zu Recht ist zu Beginn dieses Kolloquiums die integrierende und unermüdliche Rolle des Jubilars als geduldigem aber auch insistierendem Partner und Modera-

---

39 *Richard Wagner,* Die Meistersinger von Nürnberg, hier zitiert nach der mit Bildern und Buchschmuck von Georg Barlösius ausgestatteten Ausgabe Berlin 1901.

40 Siehe dazu *Peter Konwitschny* in Programmheft Hamburgische Staatsoper „Die Meistersinger von Nürnberg“ 2002, S. 6 ff.

41 *Konwitschny,* ebd., S. 6.

42 *Udo Di Fabio,* Die Kultur der Freiheit, München 2005.

tor des gemeinsamen Gesprächs gewürdigt worden. Ein solches *gemeinsames* Gespräch ist Voraussetzung jeder echten Kommunikation. Dem Dank dafür, eine solche Kommunikation bis zum heutigen Tag ermöglicht und gefördert zu haben, kann ich mich daher auch für die Erörterung der Beziehung von Freiheit und Herrschaft in der Europäischen Union nur nachdrücklich anschließen – und Ihnen für Ihre Aufmerksamkeit danken.

Herrschaftslegitimation ohne Volk?

Zum demokratischen Prinzip in funktionalen und supranationalen Zweckverbänden*

Von Ernst Thomas Emde, Frankfurt am Main

I. Einleitung

Volk und Volkssouveränität, Herrschaft und Herrschaftslegitimation sind Kategorien, mit denen sich *Ernst-Wolfgang Böckenförde* ein langes wissenschaftliches Leben lang intensiv wie mit wenigen anderen Themen beschäftigt hat. Eine der ersten Begegnungen mit der Thematik mag seine Dissertation über Gesetz und gesetzgebende Gewalt[1] gewesen sein und gewiss nicht seine letzte ist die grundlegende Darstellung der Demokratie als Verfassungsprinzip im Handbuch des Staatsrechts[2]. Dazwischen lag vieles, darunter die Mitwirkung an der Entscheidung des Bundesverfassungsgerichts zum Ausländerwahlrecht[3], zu den Bezirksversammlungen in Hamburg[4] und zum schleswig-holsteinischen Mitbestimmungsgesetz[5].

Auf einer der Etappen dieses Weges habe ich Ernst-Wolfgang Böckenförde als sein Mitarbeiter und sein Doktorand begleiten dürfen. Um so mehr freut es mich natürlich, dass ich heute unseren vor 25 Jahren begonnenen Dialog wieder aufnehmen und aktuelle Aspekte dieses unerschöpflichen Themas im Kreise seiner Schüler ansprechen darf.

Ich möchte dabei mit einem Blick auf die Entwicklung der Dogmatik beginnen und dabei das Augenmerk insbesondere auf den für das demokratische Prinzip kritischen Testfall der funktionalen Selbstverwaltung richten (Abschnitt II.). Im Anschluss an diese ihrem Schwerpunkt nach verfas-

---

* Um den Fußnottenapparat ergänzte Fassung des am 23. September 2005 im Rahmen des Wissenschaftlichen Festkolloqiums zum 75. Geburtstag von *Ernst-Wolfgang Böckenförde* gehaltenen Vortrags. Der Vortragsstil wurde beibehalten.

1 Gesetz und gesetzgebende Gewalt – von den Anfängen der deutschen Staatsrechtslehre bis zur Höhe des staatsrechtlichen Positivismus, Berlin 1958.

2 *Isensee / Kirchhoff,* HdbStR Bd. 2: Verfassungsstaat, Heidelberg 2004, S. 429–496.

3 Urteil vom 31. 10. 1990 – Az. 2 BvF 2 / 89, 2 BvF 6 / 89 = BVerfGE 83, 37–59.

4 Urteil vom 31. 10. 1990 – Az. 2 BvF 3 / 89 = BVerfGE 83, 60–81.

5 Beschluss vom 24. 5. 1995 – Az. 2 BvF 1 / 92 = BVerfGE 93, 37–85.

sungsrechtlichen Ausführungen möchte ich mich dann der Frage zuwenden, welche Bedeutung denn dem Volk als Quelle der Herrschaftslegitimation auf der neuen großen europäischen Bühne zukommen kann und zukommen soll und welche Fragen sich stellen, wenn das gesuchte Legitimationsobjekt nicht in der gewohnten und gewünschten Weise verfügbar ist (Abschnitt III.).

II. Das Volk als Quelle der Herrschaftslegitimation in der verfassungsrechtlichen Dogmatik

Mit der Feststellung, dass alle Staatsgewalt vom Volke ausgeht, umreißt das Grundgesetz sein Demokratiekonzept und fügt es ein in die demokratischen Verfassungstraditionen Frankreichs im besonderen und Europas im allgemeinen. Schon aus diesem Zusammenhang erhellt, dass der Satz Bekenntnisprogramm und normative Anweisung zugleich ist. Auf seine grundgesetzlichen Konkretisierungen, die erst in ihrer Gesamtschau das Demokratiekonzept unserer Verfassung konstituieren, möchte ich hier nicht im Einzelnen eingehen.[6] Wichtig scheint mir insoweit lediglich die Feststellung, dass in der Tat – wie von Ernst-Wolfgang Böckenförde herausgearbeitet[7] – das Grundgesetz eine Staatsorganisation fordert, innerhalb derer die Wahrnehmung staatlicher Aufgaben und die Ausübung staatlicher Befugnisse einer vom Volk ausgehenden und auf es zurückführbaren umfassenden demokratischen Legitimation sowohl in sachlich-inhaltlicher als auch in organisatorisch-personeller Hinsicht bedarf.

Nimmt man die Legitimationskonstruktion, die diesem Konzept zugrunde liegt, in ihrer Gesamtheit in Augenschein und vergegenwärtigt man sich das fein abgestimmte Zusammenspiel ihrer vielen Komponenten, so präsentiert sich ein eindrucksvolles normatives Gebäude und eine ebenso eindrucksvolle, darauf abgestimmte Organisationsstruktur: vom Volk als Legitimationsquelle zum Parlament als seinem Repräsentationsorgan, von diesem zur parlamentarisch legitimierten und verantwortlichen Regierung und über diese zum weisungsgebundenen Beamtenapparat, der dann am Ende des Kreislaufs wieder in die Interaktion mit den Bürgern tritt. Das Gedankengebäude arrangiert damit eine Vielzahl von Bestimmungen des Grundgesetzes als Bausteine des demokratischen Prinzips und errichtet eine Konstruktion von so vollendeter Geschlossenheit und beeindruckender Komplexität,

---

6 Grundlegend dazu *Böckenförde* (FN 2); *ders.*, Demokratische Willensbildung und Repräsentation, in: HdbStR Band 3: Demokratie – Bundesorgane, Heidelberg 2005, S. 31–53; *Emde*, Die demokratische Legitimation der funktionalen Selbstverwaltung: eine verfassungsrechtliche Studie anhand der Kammern, der Sozialversicherungsträger und der Bundesanstalt für Arbeit, Berlin 1991, S. 322 ff., 337 ff.

7 *Böckenförde* (FN 2), insbesondere S. 436 ff.

dass es schwer ist, von ihr nicht intellektuell und ästhetisch angezogen zu werden. Gewiss ist auch das ein Stück weit verantwortlich für die hohe dogmatische Durchschlagskraft des Konzeptes der Legitimationskette oder des Legitimationskreislaufs.[8]

Und doch ist sie dort, wo es nicht um das traditionelle Zentrum exekutiven Handelns geht, Zweifeln und Fragen ausgesetzt. An der Peripherie des Staates, in den Übergangszonen zur Gesellschaft, zeigen sich Grenzen der Belastbarkeit der Konstruktion. Sowohl in den sogenannten ministerialfreien Räumen[9] als auch im Bereich der funktionalen Selbstverwaltung[10] und in den sich häufenden Zonen kooperativen Zusammenwirkens von Verwaltung und Privaten, insbesondere den populären *public private partnerships*[11], finden sich eben immer wieder und wohl auch unvermeidbar Entscheidungsprozesse und Entscheidungsträger, die dem Gebot einer bruchlosen personellen und inhaltlichen Legitimation nicht so recht genügen. In manchen Fällen werden die Entscheidungsträger nicht durch demokratisch legitimierte Vertreter der staatlichen Verwaltung ausgewählt oder berufen, in anderen Fällen kommen die Entscheidungen selbst außerhalb des legitimierenden Zusammenspiels von Weisung und Verantwortlichkeit zustande. In dem Bereich der Selbstverwaltung findet sich eine bunte Komposition all dessen.

Aus diesem Befund resultiert eine Frage. Sie lautet: Wie bewältigt die verfassungsrechtliche Dogmatik das Ausfransen des Konzepts an seinen Rändern? Anders ausgedrückt: Gilt das Gebot der vollständigen personellen und materiellen Legitimation der Ausübung von Staatsgewalt tatsächlich umfassend und wer ist das zur Herrschaftslegitimation berufene Volk?

1. Die Antworten der älteren verfassungsrechtlichen Dogmatik auf die aufgeworfenen Fragen erscheinen aus heutiger Sicht seltsam unbeschwert.

---

8 In der verfassungsgerichtlichen Rechtsprechung gewinnt das Konzept erstmals Konturen im Beschluss des BVerfG vom 15. 2. 1978 – Az: 2 BvR 134/76 = BVerfGE 47, 253–285. Die verfassungsdogmatische Aufbereitung erfolgte dann insbesondere durch *Böckenförde,* Demokratie als Verfassungsprinzip (FN 2), S. 438 ff. und *Emde* (FN 6) S. 322 ff., 337 ff.

9 Dazu *Klein,* Die verfassungsrechtliche Problematik des ministerialfreien Raumes. Ein Beitrag zur Dogmatik der weisungsfreien Verwaltungsstellen, Berlin 1974 und *Emde* (FN 8), S. 307 ff. sowie neuerdings *Lütgens,* Das Demokratieprinzip als Auslegungsgrundsatz und Norm im Integrationskontext: zugleich ein Beitrag zum Europäischen Polizeiamt (Europol) und der Problematik ministerialfreier Räume, Berlin 2004.

10 *Emde,* FN 6; siehe außerdem die Habilitation von *Kluth,* Funktionale Selbstverwaltung: verfassungsrechtlicher Status – verfassungsrechtlicher Schutz, Tübingen 1997.

11 Dazu jüngst *Stember* (Hrsg.), Public private partnerships: Zukunftsmodelle für öffentliche Verwaltungen, Grimberg 2005 sowie *Becker,* Das Demokratieprinzip und die Mitwirkung Privater an der Erfüllung öffentlicher Aufgaben, DÖV 2004, 910 ff. Grundlegend aus verfassungsdogmatischer Sicht *Dreier,* Hierarchische Verwaltung im demokratischen Staat, Tübingen 1991, S. 248 ff.

Bei vielen Autoren der frühen Nachkriegszeit findet sich noch kaum ein Bewusstsein dafür, dass die Demokratie des Grundgesetzes mehr ist als eine bestimmte Form der Gesetzgebung und der Kontrolle der Regierung[12]. Die Organisation der Verwaltung als Emanation des demokratischen Prinzips ist etwas, was erst sehr allmählich ins allgemeine Bewusstsein gedrungen ist[13]. Auch der Begriff und der Bereich der Staatsgewalt sind häufig noch diffus und eröffnen fragwürdige Auswege – wie etwa die Ausgrenzung der Selbstverwaltung aus dem Bereich der Ausübung der Staatsgewalt – die heute offensichtlich nicht mehr gangbar sind. Das Bundesverfassungsgericht hat diese Positionen in seiner Entscheidung zum Bremischen Personalvertretungsgesetz vom 27. April 1959[14] dahingehend resümiert, der demokratische Rechtsstaat setze zwar eine funktionsfähige und verantwortliche Regierung mit selbständigen und politisch belangvollen Entscheidungsbefugnissen voraus, schließe aber ministerialfreie Räume nicht aus. Lediglich Regierungsaufgaben von politischer Tragweite dürften nicht generell der Regierungsverantwortung entzogen und auf andere Stellen übertragen werden.

Auch das Volk erschien in den Kindertagen der verfassungsrechtlichen Dogmatik des Grundgesetzes häufig eher noch als fluide Größe und noch nicht durchweg als administrativ exakt bestimmbare Gesamtmenge der Staatsangehörigen. Noch in *Roman Herzogs* bis heute gültiger Kommentierung des Artikels 20 GG ist der Begriff des Volkes dementsprechend offen für die Bildung mehr oder weniger beliebiger Teilvölker[15] durch den einfachen Gesetzgeber.

2. Der Anschauungswandel der verfassungsrechtlichen Dogmatik kam erst so richtig in Gang in den 80iger Jahren mit Ernst-Wolfgang Böckenfördes bereits erwähnter Abhandlung zum Demokratie-Konzept des Grundgesetzes[16] und den darauf aufbauenden Entscheidungen des 2. Senats des Bundesverfassungsgerichts zum Ausländerwahlrecht[17], zu den Bezirksversammlungen in Hamburg[18] und zum Schleswig-Holsteinischen Mitbestimmungsgesetz[19]. Insbesondere die Entscheidung im 93. Band zum Schleswig-Holsteinischen Mitbestimmungsgesetz liest sich dabei in ihren grundlegenden

12 Beispielhaft insoweit *Kaufmann,* Die Grenzen der Verfassungsgerichtsbarkeit, in: VVDStRL, Heft 9 (1952) S. 7.

13 Selbst Ernst Forsthoff nimmt von diesem Zusammenhang bis zur im Jahr 1973 erschienen 10. und letzten Auflage seines berühmten Lehrbuch des Verwaltungsrechts keine Notiz.

14 Az: 2 BvF 2 / 58 = BVerfGE 9, 268.

15 *Maunz / Dürig,* Kommentar zum Grundgesetz, Band III (Art. 17–27), 45. Lieferung 2005, Rz. 56 f. zu Art. 20.

16 Siehe FN 2.

17 BVerfGE 83, 37–59 (FN 4).

18 BVerfGE 83, 60–81 (FN 4).

19 BVerfGE 93, 37–85 (FN 5).

Passagen (Seite 66 ff.) beinahe wie eine Paraphrase der wissenschaftlichen Stellungnahmen eines ihrer Mitautoren – Sie wissen schon, wen ich meine.

In dieser Phase, in der das Konzept der umfassenden personellen und materiellen Legitimation sämtlicher staatlicher Entscheidungen zur vollen Reife gelangt war und nahezu Allgemeingültigkeit sowohl in der Rechtsprechung als auch in der verfassungsrechtlichen Lehre erlangt hatte, zeichneten sich am Horizont indes bereits Entwicklungen und Fragen ab, die mit ganz anderer Intensität als ministerialfreie Räume und Selbstverwaltungseinrichtungen die Grenzen der Belastbarkeit des kaum fertig gestellten Legitimationskonzepts auf die Probe stellen sollten. Der Prozess, den ich meine, ist – Sie ahnen es schon – die Europäisierung von Politik und Herrschaft, mit der sich der 2. Senat dann auch alsbald in der Maastricht-Entscheidung[20] auseinander zu setzen hatte. Doch ehe ich dazu komme, möchte ich meine tour d'horizon durch die Stellungnahmen zum Legitimationskonzept des Grundgesetzes noch beenden.

3. Einen neuen Ton in der verfassungsgerichtlichen Judikatur hat unlängst der 2. Senat in seiner Entscheidung vom 05. Dezember 2002 zum Lippe-Verbandsgesetz und zum Emscher Genossenschaftsgesetz angeschlagen[21].

Natürlich kehrt der Senat sich nicht offen von seiner bisherigen Rechtsprechung ab, indes setzt er doch Akzente, die in eine andere Richtung deuten. Er betont den Prinzipiencharakter des Art. 20 Abs. 2 GG und seine daraus resultierende Offenheit für neue Entwicklungen sowie für Modifikationen des strengen Legitimationskonzepts außerhalb der unmittelbaren Staatsverwaltung. Hier sei das Demokratiegebot offen für andere, „insbesondere vom Erfordernis lückenloser demokratischer Legitimation aller Entscheidungsbefugten abweichende Formen der Organisation und Ausübung von Staatsgewalt“[22]. Diese Interpretation des Art. 20 Abs. 2 GG ermögliche es zudem, die im demokratischen Prinzip wurzelnden Grundsätze der Selbstverwaltung und der Autonomie angemessen zur Geltung zu bringen.

Mit diesen Ausführungen scheint mir das Gericht – anders als noch wenige Jahre zuvor in den Entscheidungen zum Ausländerwahlrecht[23] und zum schleswig-holsteinischen Mitbestimmungsgesetz[24] – an der Peripherie des

---

20 Urteil vom 12. 10. 1993 – Az: 2 BvR 2134/92, 2 BvR 2159/92 = BVerfGE 89, 155–213.

21 BVerfG Beschluss vom 5. 12. 2002 – Az: 2 BvL 5/98; 2 BvL 6/98 = BVerfGE 107, 59–103; kritisch zum darin ausgesprochenen Legitimationskonzept *Musil,* Das Bundesverfassungsgericht und die demokratische Legitimation der funktionalen Selbstverwaltung sowie *Jestaedt,* Demokratische Legitimation – quo vadis?, JuS 2004, S. 649–653.

22 BVerfG, ebd. (FN 21).

23 BVerfGE 83, 37–59 (FN 3).

24 BVerfGE 93, 37–85 (FN 5).

Staates Modifikationen des Legitimationsmodus zuzulassen. Wenn ich es richtig verstehe, begreift das Gericht hier die Formen der Willensbildung der funktionalen Selbstverwaltung nicht einfach als zwar defiziente, aber von der Verfassung doch zugelassene Abweichungen vom allgemein gültigen Legitimationskonzept, sondern als in seinem Bereich mindestens gleichwertigen Realisationsmodus des demokratischen Prinzips[25]. Ob damit auch andere Kollektive als das Staatsvolk und die Gemeindevölker als Quellen demokratischer Legitimation in Betracht kommen, spricht das Gericht nicht aus. Die Vermutung liegt indes nahe. Es scheint sich hier eine Hinwendung auch des 2. Senats zu offeneren Konzepten der Herrschaftslegitimation anzudeuten.

4. Weite Wege in Richtung offener Legitimationskonzepte sind naturgemäß all jene gegangen, die aus unterschiedlichen Blickwinkeln heraus das strenge staatsbezogene Konzept der Herrschaftslegitimation für einen Irrweg halten. Ich kann die Mitglieder dieses vielstimmigen Chores hier nicht im Einzelnen aufzählen und möchte daher nur beispielhaft auf *Brun-Otto Bryde*[26], *Ingolf Pernice*[27] und *Alfred Rinken*[28] verweisen. Ihnen und vielen anderen ist bei allen Unterschieden im Detail zweierlei gemeinsam: Zum ersten entzündet sich ihre Kritik am Konzept der umfassenden Legitimationsbedürftigkeit von Herrschaft an dessen Ausrichtung und Angewiesenheit auf den demokratischen Nationalstaat und zum zweiten mangelt es ihren eigenen Standpunkten an verfassungsrechtlicher Präzision und Belastbarkeit. Anders ausgedrückt: Sie erkennen die als Enge empfundenen räumlichen Grenzen des heutigen Legitimationsgebäudes, bieten aber zur Überwindung der Enge wenig mehr an als den Abbruch der Außenwände.

Das klingt vielleicht ein wenig polemisch und darf es am heutigen Tage ja auch sein, aber jenseits aller Sprachspiele erstaunt es schon, mit welcher Leichtigkeit bei der Entfaltung eines grundlegenden Verfassungsprinzips gesicherten, Erkenntnisse der Verfassungsdogmatik zur Seite geschoben werden und ohne adäquate Auseinandersetzung mit wohlfundierten Begründungselementen des etablierten Legitimationskonzeptes die These in den Raum gestellt wird, Herrschaftslegitimation könne auch auf ganz andere Weise stattfinden und überdies sei der Volksbegriff des Artikel 20 Abs. 2 GG durchaus offen.[29]

---

[25] Ebenso bereits *Emde* (FN 6), auf den sich das Gericht ausdrücklich beruft.

[26] Die bundesrepublikanische Volksdemokratie als Irrweg der Demokratietheorie, in: Staatswissenschaften und Staatspraxis 1994, S. 305–330.

[27] Kommentierung zu Art 23 GG, in: *Dreier* (Hrsg.), Grundgesetz, Band II: Artikel 20–82, Tübingen 1998, S. 325–400.

[28] Demokratie als Organisationsform der Bürgergesellschaft, in: *Bovenschulte / Grub / Löhr / von Schwanenflügel / Witschel* (Hrsg.), Demokratie und Selbstverwaltung in Europa – Festschrift für Dian Schefold zum 65 Geburtstag, Baden-Baden 2001, S. 223–241.

5. Mit scheint, dass diese eher affirmativen Darlegungen das dogmatische Konzept der umfassenden parlamentsvermittelten und ministeriell gesteuerten Herrschaftslegitimation auf nationaler Ebene nicht zu erschüttern vermögen und auch noch weit davon entfernt sind, geeignete Instrumente zur Lösung neuer Fragestellungen auf der supranationalen Bühne zur Verfügung zu stellen. Ist hier einstweilen wenig Fortschritt und schon gar kein Heil in Sicht, so bleibt festzuhalten, dass Ernst-Wolfgang Böckenfördes Legitimationskonzept die Entfaltung des demokratischen Prinzips des Grundgesetzes einen großen Schritt vorangebracht hat. Ob dabei seine Beharrung auf der Monopolstellung des Staatsvolkes als Quelle demokratischer Legitimation und seine damit einhergehende rigide Ablehnung jeglicher Quellen autonomer Legitimation wirklich das letzte Wort ist, steht allerdings auf einem anderen Blatt. Doch auch wenn man ihm in dieser Frage, deren effektive Bedeutung wie noch zu zeigen sein wird eher auf der Ebene der Verfassungstheorie als auf der des materiellen Rechts liegt, nicht folgt, so steht gleichwohl außer Zweifel, dass die Herausarbeitung der unauflöslichen Aufeinanderbezogenheit von Volk und Herrschaftslegitimation eine Erkenntnis ist, die uns Beurteilungsmaßstäbe verschafft, welche wir nutzen sollten und als Demokraten und Verfassungsrechtler auch nutzen müssen, um neue Phänomene der Herrschaftsausübung, die den tradierten Rahmen des Nationalstaats hinter sich lassen, auf ihre Demokratietauglichkeit zu prüfen.

III. Herrschaftsausübung durch die EU

1. Lassen Sie uns nun umschalten von der Mikrobetrachtung funktionaler Selbstverwaltungseinrichtungen, von Prüfstellen und anderen weisungsfreien Entscheidungsträgern auf die Makrobetrachtung der EU. Doch ehe ich auf dieser Ebene einige Gedanken zum Thema der Herrschaftslegitimation äußere, möchte ich Ihnen zuvor noch kurz vergegenwärtigen, in welchem Ausmaß europäischen Institutionen Entscheidungsbefugnisse zustehen, in welchem Umfang sie also befugt sind, Herrschaft auszuüben.

Die Rechtssetzungsbefugnisse und die mit ihnen einhergehenden administrativen Regelungsbefugnisse der europäischen Institutionen haben sich im Laufe der Jahrzehnte weit über jenes Maß hinaus entwickelt, welches den Gründern der Gemeinschaften vorgeschwebt haben dürfte. Heute neh-

---

[29] So insbesondere *Rinken* (FN 28): Er plädiert dafür, das an „überholten nationalstaatlichen Kategorien“ orientierte „Staatsdenken“ zugunsten eines „Verfassungsdenkens“ aufzugeben und Demokratie als selbstorganisatorische Form einer pluralistischen Gesellschaft zu verstehen. Hierzu gehöre auch eine nicht staatszentrierte Verfassungsauslegung, für die es „kein Tabu“ sei, den Begriff des Volkes in Art. 20 Abs. 2 GG je nach Kontext unterschiedlich auszulegen; ähnlich *Bryde* (FN 26).

men die europäischen Institutionen die Zuständigkeit für folgende Bereiche für sich in Anspruch[30]:

- Warenverkehr;
- Personenverkehr (hier geht es insbesondere um Freizügigkeit und Niederlassungsfreiheit);
- Dienstleistungsverkehr;
- Kapital- und Zahlungsverkehr;
- Landwirtschaft;
- Wettbewerbs- und Kartellrecht;
- Handelspolitik;
- Wirtschafts- und Währungspolitik;
- Umweltpolitik;
- Sozialpolitik;
- Beschäftigungspolitik;
- Verkehrspolitik;
- Bildungs- und Kulturpolitik;
- Gesundheitspolitik;
- Verbraucherschutz;
- Energiepolitik;
- Industriepolitik;
- Regionalpolitik;
- Forschungspolitik;
- gemeinsame Außen- und Sicherheitspolitik;
- justitielle Zusammenarbeit in Strafsachen.

Welchen Niederschlag dieser ständig weiter wachsende Wald an Zuständigkeiten im Alltagsleben der Mitgliedstaaten und ihrer Bürger findet, weiß wahrscheinlich niemand so ganz genau. Immerhin schätzen kundige Thebaner, dass seit vielen Jahren ca. 50 % der deutschen Gesetze auf europäisches Recht zurückgehen und ca. 80 % der Gesetz- und Verordnungsgebung auf dem Gebiet des Wirtschafts-, Sozial- und Steuerrechts der Umsetzung europarechtlicher Normen dient[31]. Aus dem Blickwinkel meiner eigenen Berufspraxis heraus scheinen mir diese Schätzungen nicht unplausibel. In der Tat

---

30 Vgl. die exemplarische Aufzählung in Artikel 3 des EG-Vertrages.

31 *Breuer,* Die Sackgasse des neuen Europaartikels (Art. 23 GG), NVwZ 1994, S. 418.

dient die Springflut an neuen Normen, mit denen die Bank- und Finanzdienstleistungsbranche überschüttet wird, weit überwiegend der Umsetzung europarechtlicher Vorschriften[32].

Interessant und sub specie des demokratischen Prinzips von Belang ist in diesem Zusammenhang auch, dass der nationale Gesetzgeber weder auf den Inhalt der Umsetzungsnormen noch auf den der umzusetzenden europäischen Richtlinien irgendeinen nennenswerten Einfluss hat. Am fatalen Beispiel des europäischen Haftbefehls und der Aufdeckung des Gesetzgebungsprozesses durch das Bundesverfassungsgericht[33] ist dies exemplarisch deutlich geworden. Nach meiner Einschätzung gilt indes für nahezu sämtliche Gesetzgebungsprojekte im Bereich des Bank- und Finanzdienstleistungssektors nichts anderes: Die nationalen Parlamente sind rein mechanisch agierende Transferagenten des europäischen Normsetzers. Bei Lichte besehen stellt sich die europäische Rechtssetzung mithin als ein der Öffentlichkeit weitestgehend entzogener Verhandlungsprozess zwischen Kommission, Regierungsvertretern und Interessenverbänden dar[34].

2. Wir haben gesehen: Die europäischen Institutionen sind in großem Umfange rechtsetzend und in beträchtlichem Umfange auch rechtsvollziehend tätig. Mit anderen Worten: Sie üben Herrschaft aus. Die Frage ihrer Legitimation ist daher nicht ohne Grund in den letzten Jahren zunehmend ins Visier einer ständig kritischer werdenden Öffentlichkeit geraten und dies obwohl der Unionsvertrag – der sogenannte Maastricht-Vertrag – in Art. 8 die Einführung einer Unionsbürgerschaft vorsieht und obwohl die Position des europäischen Parlaments gegenüber Kommission und Rat in mancherlei Hinsicht gestärkt worden ist. Haben wir damit nicht das europäische Volk als Quelle demokratischer Legitimation für Entscheidungen der europäischen Institutionen?

Interessanterweise scheinen sich die meisten Europarechtler, Verfassungsrechtler und Demokratietheoretiker, die sich mit der Thematik befassen, darin mehr oder weniger einig zu sein, dass diese Frage hier und heute verneint werden muss[35]. Die Gründe hierfür liegen zu wesentlichen Teilen in der Tatsache, dass das Volk als Legitimationsstifter eben nicht einfach eine beliebige Anhäufung von Individuen ist, die durch Rechtsakt mit dem

---

32 Siehe etwa die Übersicht von *Kafsack* in der *Frankfurter Allgemeinen Zeitung* vom 4. 10. 2005: „Hoch gepokert und gewonnen – Wie das Parlament seine Mitspracherechte bei Finanzmarktgesetzen gestärkt hat".

33 Urteil vom 18. 7. 2005 – Az: 2 BvR 2236 / 04 = NJW 2005, 2289 – 2303.

34 Die Sicht der Europäischen Kommission auf das vielbeschworene Öffentlichkeitsdefizit fällt freilich bisweilen etwas anders aus. In Brüssel wird das Problem gerne auf der nationalstaatlichen Ebene verortet und auf mangelndes europapolitisches Interesse bzw. schlichter Desinformation zurück geführt; beispielhaft insofern *Wulf-Mathies,* „Reden wir über Europa!", in: DIE ZEIT 42 / 1999.

35 Zum diesbezüglichen Stand der verfassungsdogmatischen Literatur siehe *Pernice* (FN 27), Rz. 52 zu Art. 20 GG m. w. N.

gleichen formalen Status ausgestattet worden sind, sondern eine historisch gewachsene Gemeinschaft, deren Glieder – wie Ernst-Wolfgang Böckenförde es formuliert hat – im Bewusstsein einer gemeinsamen Identität einen gemeinsamen Handlungs- und Gestaltungswillen besitzen. Auch ohne den heiklen Begriff der Homogenität zu bemühen, ist es eben doch so, dass nicht ohne Grund das Volk als Legitimationsstifter mit der Nation gleichgesetzt wird: eine Gleichung, die im Falle der Unionsbürgerschaft schlicht nicht aufgeht. Darüber hinaus steht außer Frage, dass Legitimationsstiftung nicht ohne einen politischen Prozess stattfinden kann, in dem ohne unüberwindbare Sprachhürden Meinungsaustausch, Interessenkoordination und politische Willensbildung in der Presse, in Verbänden, in Parteien und über welche sonstigen Intermediäre auch immer stattfinden kann. Auch dies ist oft genug als Bedingung politischer Willensbildung und als Voraussetzung für effektive Entscheidungslegitimation hervorgehoben worden, übrigens auch von Wissenschaftlern wie *Joseph Weiler*[36], die dem Projekt der Demokratisierung der europäischen Union positiv gegenüberstehen. Es muss daher hier nicht weiter vertieft werden. Wesentlich ist lediglich die Erkenntnis, dass all diese Voraussetzungen politischer Willensbildung auf der europäischen Bühne nicht gegeben sind: Das Parlament ist kein echtes, in einem einheitlichen Wahlakt aller Unionsbürger gewähltes Parlament. Es besitzt kein Initiativrecht und auch im Übrigen lediglich limitierte Entscheidungs- und Kontrollbefugnisse. Überdies gibt es eben keine europäischen Parteien und wird es sie nach meiner Einschätzung auch für lange Zeit nicht geben[37]. Schließlich gibt es auch keine den nationalen Rahmen transzendierende, in ihrer Substanz auf die Entscheidungsprozesse der europäischen Institutionen ausgerichtete Meinungs- und Willensbildung. All dies fand und findet auch weiterhin in den nationalen Medien im Rahmen eines nationalen Diskurses der politischen Gruppen statt und erreicht die europäische Bühne typischerweise erst, wenn eine wie auch immer zustande gekommene nationale Position zum Gegenstand des Interessenausgleichs der nationalen Exekutiven gemacht werden kann.

Diese Gegebenheiten mag man bedauern und sie mögen sich auf der langen Zeitachse jenseits unseres biographischen Horizontes auch ändern. Hier und heute indes sollten wir sie zur Kenntnis nehmen und realistische Schlussfolgerungen für das Projekt der Demokratisierung der europäischen Institutionen ziehen.

---

36 Der Staat „über alles". Demos, Telos und die Maastricht-Entscheidung des Bundesverfassungsgerichts, in: Jahrbuch des Öffentlichen Rechts der Gegenwart 1996, 91–138, insb. S. 98.

37 Gleichwohl geht ein Teil der sogenannten Integrationsforschung der Frage nach, ob die Herausbildung einer einheitlichen europäischen Parteienlandschaft möglich sei und das behauptete Demokratiedefizit mindern könne; dazu neuerdings *von Gehlen,* Europäische Parteiendemokratie? Institutionelle Voraussetzungen und Funktionsbedingungen der europäischen Parteien zur Minderung des Legitimationsdefizits der EU, Berlin 2005 (elektronische Publikation).

Schaut man sich die Konzepte an, die die berufenen Beobachter und Gestalter der Szene insoweit propagieren, so fällt auf, dass eine nicht kleine Zahl von Europafreunden in Politik und Wissenschaft in Erkenntnis der Unmöglichkeit der Schaffung eines europäischen Demos die Wirklichkeit als vernünftig propagiert und die Substanz des demokratischen Prinzips so reduziert, dass die europäischen Gegebenheiten als eine neue zeitgemäße Erscheinungsform gefeiert werden können. *Joseph H. Kaiser*[38] hat diesen Weg schon vor vielen Jahrzehnten vorgezeichnet, indem er die sachliche Richtigkeit von Expertenentscheidungen als legitimierenden Faktor betonte und viele andere sind ihm über die Jahre nachgefolgt. *Von Bogdandy* etwa postuliert auf der europäischen Ebene die Abkehr von einem Demokratiebegriff im Sinne der Selbstherrschaft eines materiell verstandenen Volkes und betrachtet das gegenwärtige Zusammenspiel von Rat, Kommission und Europäischem Parlament als passendes Legitimationskonzept[39]. Wenn ich ihn richtig verstehe, hält er die legitimationsstiftende Bedeutung der „gubernativen Rechtssetzung" durch Rat und Kommission für so groß, dass die herkömmlichen Elemente der Herrschaftslegitimation, insbesondere die auf Parlament und politische Öffentlichkeit bezogenen, demgegenüber zurückgestuft werden können[40].

Die Position von Bogdandys scheint mir nicht untypisch für eine breite Strömung in Politik und Wissenschaft zu sein, deren gemeinsames Anliegen darin besteht, den europäischen Einigungsprozess ungeachtet der Erkenntnis der Inkompatibilität der Formen der Willensbildung in den europäischen Institutionen mit herkömmlichen Demokratievorstellungen voranzutreiben. Die Problematik des Konzepts scheint mir daran zu liegen, dass ein evidentes Demokratiedefizit als zeitgemäße Fortentwicklung des demokratischen Prinzips verkauft wird und das Beharren auf dem Gebot einer umfassenden Legitimation von Herrschaft gern in die Ecke völkisch-etatistischer Nostalgie gerückt wird.

Ich möchte dem entgegenhalten, dass es zwar in der Tat wohl nicht möglich ist, die Willensbildungs- und Legitimationskonzepte des herkömmlichen Nationalstaats mechanisch auf die europäischen Institutionen zu übertragen, es aber gleichwohl rechtlich und politisch sinnhaft ist, sie als

---

38 Das Europarecht in der Krise der Gemeinschaften, EuR 1966, S. 4–24.

39 Jedenfalls seien „bemerkenswerte Strategien zur Verwirklichung wesentlicher Anliegen des demokratischen Prinzips" erkennbar. Dieses erlange auf europäischer Ebene „schrittweise" eine Gestalt, die teils an etablierte Konzepte anschließe, darüber hinaus aber eine Reihe „innovativer Akzentuierungen und tiefgreifender Modifikationen" aufweise; siehe *von Bogdandy*, Europäische Prinzipienlehre, in: Europäisches Verfassungsrecht. Theoretische und dogmatische Grundzüge, Heidelberg 2003, S. 178 u. S. 180.

40 Bezeichnend ist insoweit *von Bogdandys* Habilitationsschrift, Gubernative Rechtsetzung: eine Neubestimmung der Rechtsetzung und des Regierungssystems unter dem Grundgesetz in der Perspektive gemeineuropäischer Dogmatik, Tübingen 2000.

Orientierungsmaßstab zu bewahren und zu benutzen. Der vergleichende Blick mag zwar nicht als Handlungsanweisung taugen, aber vielleicht doch das kritische Bewusstsein für die Frage schärfen, ob geplante Richtlinien und Verordnungen tatsächlich erforderlich sind oder ob es nicht vielleicht doch bei der autonomen Regelungskompetenz der Mitgliedstaaten bleiben kann, ob der Inhalt des Normsetzungsakts sich strikt auf die Umsetzung des Normierungsziels beschränkt und ob die sprachliche Umsetzung des Normierungsziels in angemessener Kürze und auch für Nicht-Experten nachvollziehbar erfolgt ist. Insbesondere aber dürfte er die Augen dafür öffnen, dass Erweiterungen des Zuständigkeitskatalogs der EU kaum zu rechtfertigen sein dürften. Wohlgemerkt, es geht mir nicht darum, ein billiges Instrument für die Diskreditierung von Rechtsakten der EU zu schmieden, sondern um nichts anderes, als den Prozess der fortschreitenden Kompetenzverlagerung von den Mitgliedstaaten zu den europäischen Institutionen der Tempo-drosselnden Kontrollfrage zu unterwerfen, ob das Projekt der Selbstbestimmung der Individuen auch im größeren europäischen Raum keinen Schaden nimmt.

Doch ehe ich mit einigen konkreten Warnhinweisen zur Begrenzung und zur Art und Weise der Wahrnehmung der Kompetenzen der EU schließe, möchte ich ihre Aufmerksamkeit auf die verfassungstheoretischen Implikationen der Schaffung europäischer Institutionen, die unter der Geltung des demokratischen Prinzips Herrschaft ausüben sollen, richten. Denn hierüber besteht Einigkeit: Die Herrschaft der EU bedarf einer – wie auch immer gearteten – demokratischen Legitimation. Ist dies aber vorausgesetzt und konsentiert, so ist damit zugleich gesagt, dass die ehedem eherne Trias von (Staats-) Volk, Herrschaft und demokratischer Legitimation ihre Gültigkeit verloren hat. Herrschaft wird nicht mehr nur durch staatliche Gewalt ausgeübt und Legitimationsträger ist nicht mehr stets und ausschließlich das Staatsvolk bzw. sein europäisches Pendant. Auch wenn die verfassungsrechtlichen Implikationen diese Erkenntnis zu begrenzt sein dürften, um auf der Ebene des Grundgesetzes das Konzept des Legitimationskreislaufs in seinem Kern zu erschüttern, so bleibt es doch bemerkenswert, dass sich auf der übergeordneten europäischen Ebene neue Formen der Herrschaftsausübung entwickelt haben, auf die die überkommenen nationalstaatlichen Konzepte nicht mechanisch übertragbar sind.

Allerdings sollte diese Einsicht nicht leichtfertig dazu verwendet werden Sachprobleme scheinbar dadurch zu lösen, dass der schwer änderbare Status quo schlicht als sinnhaft und vernünftig bezeichnet und mit dem Etikett des demokratischen geadelt wird. Auch wenn Demokratie in Europa etwas anderes sein kann und sein muss, als es die Herrschaftsorganisation des Grundgesetzes ist, so wäre es doch ein fataler Fehler, den maßstabsetzenden Charakter des nationalstaatlich vorgeprägten Demokratieverständnisses auch für die Ausmessung des Legitimationsbedarfs europäischer Institutionen zu ignorieren.

Nimmt man diesen Gedanken ernst, so führt kein Weg an der Erkenntnis vorbei, dass solange sich der europäische Demos noch nicht in adäquater Weise herausgebildet und konstituiert hat, die von den nationalen Demoi eben nur ganz rudimentär legitimierte europäische Herrschaft ein unvollkommenes und fragiles Gebilde ist, dessen Kompetenz allein aus diesem Grunde einer strikten Begrenzung bedarf.

Was bedeutet das konkret? Natürlich kann ich Ihnen hier kein entwickeltes Konzept vorstellen, aber einige Stichworte scheinen mir auf der Hand zu liegen:

- Keine weitere Ausweitung der Kompetenzen der europäischen Institutionen;
- ernsthafte und kritische Prüfung sowohl durch die europäischen Institutionen – insbesondere durch den EuGH – als auch durch die Mitgliedstaaten, ob geplante Entscheidungen wirklich in die Zuständigkeit der EU fallen;
- Beachtung des stets beschworenen und nie ernst genommenen Subsidiaritätsprinzips;
- zumindest informatorische Vorab-Involvierung der Parlamente der Mitgliedstaaten in Richtlinienprojekte;
- realistische und großzügige Umsetzungsfristen für Richtlinien;
- kritische Überprüfung von Richtlinienentwürfen im Hinblick auf Umfang, Inhalt und sprachliche Gestaltung;
- restriktive Bestimmung der Normsetzungsbefugnisse von nachgeordneten Organen der EU im Rahmen des sogenannten Lamfalussy-Verfahrens.

Was ist der Nutzen der damit notwendig einhergehenden Verlangsamung des Prozesses der europäischen Integration? Ich sehe ihn darin, dass Selbstbeschränkung, Tempoverringerung und Transparenzerhöhung gegenüber den Institutionen sowie den Bürgern der Mitgliedstaaten Bausteine sowohl für eine höhere Akzeptanz des status quo als auch für eine ernsthafte Integration der politischen Willensbildung außerhalb des Sektors der Exekutive sind und damit das voranbringen könnten, worum es eigentlich geht: die Installierung eines Willensbildungs- und Integrationsprozesses auf europäischer Ebene, der mit den heute schon bestehenden Entscheidungsbefugnissen korreliert. Gelingt dies, so werden wir irgendwann tatsächlich sagen können, dass es zwar möglicherweise keinen europäischen Demos gibt, aber doch eine Unionsbürgerschaft, die sich in einem definierten Lebensbereich als Willens- und Gestaltungseinheit zusammenfindet und hier die Herrschaft der europäischen Institutionen effektiv legitimiert, ohne dass dadurch der Nationalstaat als politisches Gemeinwesen preisgegeben wird.

Was ist die Alternative? Mir scheint, die unverdrossene, gebetsmühlenhafte Wiederholung des Axioms, es gebe kein Demokratiedefizit in Europa und die nationalen Legitimationskonzepte seien kein geeigneter Beurteilungsmaßstab für die europäischen Verhältnisse, wird lediglich einen Zustand weiter verfestigen, der sich insbesondere im Zusammenhang mit den EU-Erweiterungen der vergangenen Jahre angebahnt hat: die tief sitzende Unzufriedenheit der Bürger mit der Europäisierung der Politik und ein verbreitetes Gefühl von Ohnmacht und Frustration darüber, dass die Institutionen von all dem unberührt, unbeirrbar wie die Gestirne am Himmel, weiter ihren eingeschlagenen Bahnen folgen.

Ich vermag mir auch nicht vorzustellen, dass sich diese beunruhigenden Gegebenheiten mittels des halsbrecherischen Versuchs, das Integrationstempo weiter zu steigern und die EU mit zusätzlichen Mitgliedern sowie mit zusätzlichen Kompetenzen zu befrachten, ändern lassen. Im Gegenteil, das Prinzip des unbeirrbaren „weiter so“ als Reaktion auf eine sich zuspitzende Konfliktsituation ist zwar sehr deutsch, war aber selten erfolgreich und stellt sicher kein Modell für Europa dar. Wohin die Devise des unverdrossenen Voranschreitens ohne den sichernden Blick zurück auf jene, die folgen sollen, führt, haben die Referenden in Frankreich und in den Niederlanden gezeigt. Wer weitere Wiederholungen solcher Protestakte sich und uns allen ersparen möchte, der wird keine Verfassungsentwürfe von anstößiger Fettleibigkeit vorlegen dürfen, sondern wird sich in Geduld und Demut mit kleinen Schritten begnügen müssen und sich bei jedem Schritt umschauend rückversichern müssen, dass die, um die es gehen soll, die Bürger Europas, den Weg verstehen und bereit sind, ihn mitzugehen.

Deutschlands Zukunft als Bundesstaat

Von Joachim Wieland, Frankfurt am Main

I. Problemaufriss

Als *Ernst-Wolfgang Böckenförde* von 1973 bis 1976 als Sachverständiger in der Enquete-Kommission Verfassungsreform des Deutschen Bundestages mitarbeitete, bildete die Reform der bundesstaatlichen Ordnung eine der beiden wesentlichen verfassungspolitischen Zielsetzungen. Einen großen Teil der Beratungszeit widmete die Kommission der Verteilung der Gesetzgebungskompetenzen zwischen Bund und Ländern und der Reform der Finanzverfassung[1]. Die Empfehlungen der Kommission waren umfangreich und zeugten von einer tiefen inhaltlichen Durchdringung der Probleme bundesstaatlicher Ordnung[2]. Dennoch führten sie nicht zu einer Verfassungsreform, sondern beschäftigten in der Folgezeit vor allem die Wissenschaft.

Auch die Gemeinsame Kommission von Bundestag und Bundesrat zur Reform der bundesstaatlichen Ordnung hat nicht den Weg zu einer Verfassungsreform geebnet, sondern am 17. Dezember 2004 ihre Arbeit ohne Ergebnis eingestellt[3]. Zwar haben Politiker und Wissenschaftler mehrfach gefordert, die Bemühungen um eine Bundesstaatsreform wieder aufzunehmen. Der Bundespräsident etwa hat seine Entscheidung, den 15. Deutschen Bundestag aufzulösen und Neuwahlen anzusetzen, mit dem Reformdruck begründet, unter dem Deutschland stehe, und in diesem Zusammenhang betont: „Die föderale Ordnung ist überholt“[4]. Es muss aber bezweifelt werden, ob selbst die hohe Autorität des Staatsoberhauptes ausreicht, um die maßgebenden Politiker vom Nutzen einer Reform des Bundesstaates zu

---

1 Beratungen und Empfehlungen zur Verfassungsreform (I), Zur Sache 3 / 76, S. 15.

2 Beratungen und Empfehlungen zur Verfassungsreform (I), Zur Sache 3/76, S. 250 ff.

3 Kommission von Bundestag und Bundesrat zur Modernisierung der bundesstaatlichen Ordnung, Sten. Prot. 11. Sitzung am 17. Dezember 2004, S. 282 (D). Dazu: *Hartmut Kühne,* Föderalismusreform – Laufen oder Stolpern, APuZG 13 – 14 / 2005, 3 ff.; *Rainer-Olaf Schultze,* Die Föderalismusreform zwischen Anspruch und Wirklichkeit, daselbst, S. 13 ff.

4 Bundespräsident Prof. Dr. *Horst Köhler,* Fernsehansprache vom 21. Juli 2005, abrufbar unter: www.bundespraesident.de.

überzeugen. Wenn selbst die von der Enquete-Kommission Verfassungsreform 1976 verabschiedeten Vorschläge nicht realisiert wurden, stehen die Chancen schlecht, dass die in der Bundesstaatskommission zwar gemeinsam erarbeiteten, aber nicht verabschiedeten Reformvorschläge eine Zweidrittelmehrheit in Bundestag und Bundesrat finden werden. Woran liegt das? Warum bleiben die Bekenntnisse zu mehr bundesstaatlicher Vielfalt, weniger Politikverflechtung[5], klarer Verantwortungszuordnung und mehr Transparenz, wie sie auch zu Beginn der Arbeit der Bundesstaatskommission parteiübergreifend geäußert wurden[6], ohne Konsequenz, wenn konkrete Änderungen des Grundgesetzes vorgeschlagen werden?

II. Interessenkonflikte

Das liegt nicht nur daran, dass alle Beteiligten sich an die bestehende Ordnung gewöhnt haben, während jede Reform Unwägbarkeiten mit sich bringen und jedenfalls die politischen Akteure zur Anpassung an die dann neuen Gegebenheiten zwingen würde. Vielmehr ist aus naheliegenden Gründen das Interesse an einer Reform des Bundesstaates nicht überall gleich groß. Die Stärkung der Landesregierungen und vor allem der Ministerpräsidenten als Folge der zahlreichen Zustimmungsvorbehalte zugunsten des Bundesrates ist auf Kosten der Landesparlamente erfolgt. Der Gestaltungsföderalismus hat sich zu einem Beteiligungsföderalismus gewandelt. Bedürften Gesetze zukünftig seltener der Zustimmung des Bundesrates, würde nicht nur dieses Bundesorgan an Einfluss verlieren. Vielmehr verlören gerade die Ministerpräsidenten der Länder eine für ihre politische Karriere wichtige bundespolitische Bühne. Zudem verweisen die Länder nicht ganz ohne Grund darauf, dass eine Verringerung der Zahl der Zustimmungsvorbehalte es dem Bund erleichtern würde, die Länder mit Kosten belastende Gesetze zu beschließen, ohne dass letztere die Möglichkeit zur Einwirkung hätten[7].

Auch stößt jede Beschneidung der Gesetzgebungskompetenzen des Bundes fast zwangsläufig auf den Widerstand vieler Betroffener, der auch mehr oder weniger deutlich artikuliert wird: In den Bundesministerien führen weniger Gesetzgebungsbefugnisse des Bundes zum Wegfall von Re-

---

5 *Fritz W. Scharpf,* Theorie der Politikverflechtung, in: ders. u. a. (Hrsg.), Politikverflechtung: Theorie und Empirie des kooperativen Föderalismus in der Bundesrepublik, 1976, S. 13 ff.

6 Kommission von Bundestag und Bundesrat zur Modernisierung der bundesstaatlichen Ordnung, Sten. Prot. 1. Sitzung am 7. November 2003, S. 6 (D) ff.

7 Vgl. etwa aus der Bundesstaatskommission: Konferenz der Präsidentinnen und Präsidenten der deutschen Landesparlamente, Quedlinburger Erklärung, Kommissionsdrucksache 51 vom 07. 06. 2004, einerseits und andererseits: Positionspapier der Ministerpräsidenten, Föderalismusreform, Kommissionsdrucksache 45 vom 14. 05. 2004, beide verfügbar unter: www.bundesrat.de.

feraten, Unterabteilungen oder sogar Abteilungen. Das ruft bei den betroffenen Ministerialbeamten und bei ihren Ministern nicht nur Freude hervor. Lobbyisten werden sich kaum dafür einsetzen, zukünftig statt eines Ansprechpartners in Berlin 16 in den Landeshauptstädten betreuen zu müssen. Wirtschaftsunternehmen sind schon aus Effizienzgründen an einem einheitlichen rechtlichen Rahmen für ihr Handeln interessiert; ein einheitlicher Markt drängt auf eine einheitliche Rechtsordnung, wie sich auf europäischer Ebene beobachten lässt. Im sozialen Bereich besteht ein kaum zu unterschätzendes Verlangen nach bundeseinheitlichen Regelungen. Die Sozialverbände erwarten von den Landesgesetzgebern tiefe Einschnitte in das soziale Netz und widersetzen sich deshalb vehement jeder Dezentralisierung der Gesetzgebungsbefugnisse; ihre zahlreichen Eingaben an die Bundesstaatskommission haben das eindrucksvoll unter Beweis gestellt.

Auch Bürgerinnen und Bürger identifizieren sich zwar mit ihren Ländern, in denen sie sich zu Hause fühlen. Um ihre Mobilität zu sichern, die schon der Arbeitsmarkt zwingend erfordert, sind sie jedoch an einem einheitlichen Rechtsrahmen für Schulen und Hochschulen interessiert und stehen der Forderung nach einer größeren Vielfalt der gesetzlichen Regelungen, die für ihr Leben von Bedeutung sind, ähnlich zurückhaltend gegenüber wie die Wirtschaftsunternehmen. Schließlich fordern zwar die finanzstärkeren Länder mehr Autonomie in der Finanzwirtschaft. Die weitaus größere Zahl der finanzschwächeren Länder – nicht nur im Osten Deutschlands – will jedoch gerade wegen ihrer finanziellen Probleme auf jeden Fall an Gemeinschaftsaufgaben und Mischfinanzierungen festhalten, von denen sie sich geldwerte Vorteile versprechen. Mehr Steuerautonomie und Steuerwettbewerb in Deutschland würde nicht nur die regionalen Finanzkraftunterschiede verstärken, sondern auch Steuervermeidungsstrategien durch Ausnutzen der örtlichen Belastungsunterschiede hervorrufen.

Eine Reform des Bundesstaates könnte also durchaus zu weniger Politikverflechtung, zu klareren Verantwortungszuordnungen für politische Entscheidungen und damit zu mehr Transparenz der Politik beitragen. Diese Vorteile fordern aber von vielen Beteiligten einen Preis. Sind sie, sind wir bereit diesen Preis zu zahlen? Oder wiegen bei einer Kosten-Nutzen-Abwägung die erwarteten Vorteile nicht so hoch, dass die unvermeidbaren Nachteile einer Reform von einer Mehrheit in Kauf genommen würden? Die bisherige Geschichte der Bemühungen um eine Reform des Bundesstaates stimmt skeptisch[8]. Was sind die Ursachen für die beschriebene Diskrepanz zwischen der weit verbreiteten abstrakten Forderung nach einer Moderni-

---

8 Ein Überblick über die bisherigen Reformbemühungen, der von der Verfassungsreformkommission bis zu jüngsten Bestrebungen reicht, bei *Joachim Sanden,* Die Weiterentwicklung der föderalen Strukturen der Bundesrepublik Deutschland, 2005, S. 777 ff.

sierung der bundesstaatlichen Ordnung und der nicht weniger verbreiteten Abneigung gegen konkrete Reformmaßnahmen?

III. Deutschlands Bundesstaatsgeschichte

Meine These lautet: Den abstrakten Modernisierungsforderungen liegt ein eher theoretisches Modell bundesstaatlicher Vielfalt zu Grunde, während die konkreten Reformvorschläge an der tatsächlichen Verfassung des Bundesstaates Deutschland gemessen werden und in Bezug auf diesen Maßstab auf Bedenken stoßen. Der Bundesstaat als verfassungstheoretisches Modell ist etwas anderes als der Bundesstaat Deutschland in seiner gewachsenen Ausgestaltung[9]. Betrachtet man die verfassungsgeschichtliche Entwicklung Deutschlands seit dem 19. Jahrhundert, kann man zwar eine bundesstaatliche Tradition feststellen[10]. Sie ist jedoch durch eine stetige Entwicklung hin zu einer immer stärkeren Zentralisierung der politischen Willensbildung sowie zu einer Vereinheitlichung der Rechtsordnung gekennzeichnet. In diesem Sinne handelt es sich um einen unvollkommenen Bundesstaat.

1. Kaiserreich. Schon die Verfassungen des Norddeutschen Bundes von 1867 und des Deutschen Reiches von 1871 hoben zwar in ihren Präambeln das bundesstaatliche Prinzip hervor, indem sie betonten, dass die deutschen Fürsten und die Senate der Freien Städte „einen ewigen Bund" geschlossen hätten. *Ernst Rudolf Huber* hat jedoch mit Recht darauf hingewiesen, dass das Kaiserreich als Nationalstaat nicht nur ein Verein von Einzelstaaten, sondern „Staat einer Nation" war, die „als ein eigenständiges willens- und handlungsfähiges Subjekt an der Ausübung der Staatsgewalt" durch den Reichstag aktiv teil nahm. Der Selbstbestimmungsanspruch der Nation setzte sich im Kaiserreich zunehmend gegenüber dem traditionell legitimierten Herrschaftsanspruch der Fürsten durch[11]. Die als Staat verfasste Nation war ihrem Wesen nach als zentral agierende Organisationseinheit konzipiert, „ein unitarischer Zug ging durch die ganze Geltungszeit der Verfassung hindurch"[12].

---

9 Zu dieser Dichotomie m.w.Nw.: *Matthias Jestaedt,* Bundesstaat als Verfassungsprinzip, in: Isensee / Kirchhof (Hrsg.), HdbStR, Band II, 3. Aufl. 2004, § 29 Rdnr. 7 f. Ein prägnanter Überblick über die verfassungstheoretischen Deutungsangebote bei *Bernd Grzeszick,* Vom Reich zur Bundesstaatsidee, 1996, S. 163 ff., 249 ff.; *Sanden* (FN 8), S. 148 ff., 550 ff.; *Edin Sarcevic,* Das Bundesstaatsprinzip, 2000, S. 20 ff.

10 Zu den Anfängen im 19. Jh.: *Michael Dreyer,* Föderalismus als ordnungspolitisches und normatives Prinzip, 1987.

11 *Ernst Rudolf Huber,* Das Kaiserreich als Epoche verfassungsstaatlicher Entwicklung, in: Isensee / Kirchhof (Hrsg.), HdbStR, Band I, 3. Aufl. 2003, § 4 Rdnr. 9 f. und 21 ff.; um „Reichsföderalismus": *ders.,* Deutsche Verfassungsgeschichte seit 1789, Band 3, 2. Aufl. 1970, S. 777 ff. Zur „Legende vom Reich als ‚Fürstenbund'", ebenda, S. 788.

Das zeigte sich sehr bald nach der Reichsgründung im Prozess der Herstellung der Rechtseinheit[13]. Schon die Paulskirchenverfassung hatte der Reichsgewalt aufgegeben, „durch die Erlassung allgemeiner Gesetzbücher über bürgerliches Recht, Handels- und Wechselrecht, Strafrecht und gerichtliches Verfahren die Rechtseinheit im deutschen Volk zu begründen“[14]. Der Norddeutsche Bund hatte 1869 die Gewerbeordnung beschlossen. 1871 war das materielle Strafrecht vereinheitlicht worden. 1879 folgten mit Gerichtsverfassungsgesetz, Rechtsanwaltsordnung, Zivilprozessordnung, Strafprozessordnung und Konkursordnung die sogenannten Reichsjustizgesetze, und das Reichsgericht nahm seine Arbeit auf[15]. 1900 war die Herstellung der Rechtseinheit in Deutschland mit dem Inkrafttreten des Bürgerlichen Gesetzbuchs und des Handelsgesetzbuchs im Wesentlichen abgeschlossen. Wirtschaft und Gesellschaft entwickelten sich im letzten Drittel des 19. Jahrhunderts auf nationaler Ebene. Die Industrialisierung machte in Deutschland ebenso wenig an den Grenzen der Einzelstaaten halt wie die Konjunkturzyklen, die Arbeiterbewegung, die Aktivitäten der Verbände und der politischen Parteien, die sich schnell auf nationaler Ebene organisierten[16]. Die Entstehung des modernen Interventionsstaates vollzog sich zunächst zwar durch das Handeln der Einzelstaaten[17], mündete dann aber in die vom Reich zentral gelenkte Kriegswirtschaft des Ersten Weltkriegs, die einen in seiner Bedeutung nicht zu unterschätzenden Unitarisierungsschub mit sich brachte[18]. Schließlich begründete die von *Bismarck* in den achtziger Jahren des 19. Jahrhunderts initiierte Sozialversicherungsgesetzgebung die bis heute fortwirkende zentrale Ausrichtung des Sozialstaates gleich in seinen ersten Anfängen[19]. Entscheidend gestärkt wurde

12 *Ernst Forsthoff,* Deutsche Verfassungsgeschichte der Neuzeit, 4. Aufl. 1972, S. 157; zu den unitarischen Tendenzen *Heinrich Triepel,* Unitarismus und Föderalismus im Deutschen Reiche, 1907; *Gerhard Anschütz,* Der deutsche Föderalismus in Vergangenheit, Gegenwart und Zukunft, VVDStRL 1 (1924), 11 (14 f.).

13 Überblick bei *Dieter Langewiesche,* Föderalismus und Zentralismus im deutschen Kaiserreich, in: Janz u. a. (Hrsg.), Zentralismus und Föderalismus im 19. und 20 Jahrhundert, 2000, S. 79 ff.

14 § 64 Verfassung des Deutschen Reiches vom 28. März 1849, abgedruckt in: Schuster (Hrsg.), Deutsche Verfassungen, 1994, S. 95 ff.

15 Näher *Peter Landau,* Die Reichsjustizgesetze von 1879 und die deutsche Rechtseinheit, in: Vom Reichsjustizamt zum Bundesministerium der Justiz, 1977, S. 161 ff.

16 *Hans-Ulrich Wehler,* Deutsche Gesellschaftsgeschichte, Dritter Band, 1849–1914, 1995, S. 547 ff.; *Thomas Nipperdey,* Deutsche Geschichte 1866–1918, Band I, 1993, S. 226 ff.

17 Vgl. *Michael Stolleis,* Die Entstehung des Interventionsstaates und das öffentliche Recht, in: ders., Konstitution und Intervention, 2001, S. 253 ff.

18 *Ernst Rudolf Huber,* Deutsche Verfassungsgeschichte seit 1789, Band 5, 1978, S. 73 ff.; *Regina Roth,* Staat und Wirtschaft im Ersten Weltkrieg, 1997.

19 *Dieter Ziegler,* Das Zeitalter der Industrialisierung, in: North (Hrsg.); Deutsche Wirtschaftsgeschichte, 2000, S. 192 ff. (263 ff.); ferner *Michael Stürmer,* Das ruhelose Reich, 1983, S. 221 ff.; *Ernst Rolf Huber,* Deutsche Verfassungsgeschichte seit 1789, Band 4, 1969, S. 1191 ff.

der Zentralstaat im Übrigen durch den Primat des Reiches in der Außenpolitik und das persönliche Regiment von *Kaiser Wilhelm II.*[20], nicht zuletzt durch seine Ausübung der Kommandogewalt, die faktisch die föderale Organisation des Heeres in Kontingente der Einzelstaaten weithin überlagerte[21].

Der in der Präambel der Reichsverfassung von 1871 hervorgehobene Bund der Fürsten hat also dem Deutschen Reich zwar seine Legitimität verliehen. Er hat sich aber gegenüber dem Nationalstaat, der sich nach innen und außen in vergleichsweise kurzer Zeit kraftvoll entwickelt hat, auf Dauer nur eingeschränkt als Strukturprinzip erhalten können[22]. Nicht die Fürsten als Repräsentanten der Einzelstaaten haben das Deutsche Reich politisch geleitet, sondern der Reichskanzler mit seiner sich bald praeter constitutionem entwickelnden Regierung[23], der Kaiser und der Reichstag[24]. *Paul Laband* konnte zwar 1876 noch die Auffassung vertreten, das Deutsche Reich sei nicht eine juristische Person mit 40 Millionen Mitgliedern, sondern mit 25 Mitgliedern, den Einzelstaaten, die Träger der Souveränität des Reiches seien[25]. In der Staatspraxis reduzierte sich der Einfluss der Einzelstaaten jedoch bald auf eine Mitwirkung an der politischen Willensbildung neben Kaiser, Kanzler und Reichstag auf der Ebene des Reichs, die für Innen- und Außenpolitik immer bedeutender wurde. Die Parlamentarisierung des Reiches, die Ende Oktober 1918 mit der Ergänzung des Art. 15 Reichsverfassung um den Satz „Der Reichskanzler bedarf zu seiner Amtsführung des Vertrauens des Reichstags" erfolgte[26], setzte nur den formellen Schlusspunkt unter den langfristig vollzogenen Wandel hin zu einer zentralstaatlich geprägten parlamentarischen Monarchie.

2. Weimarer Republik. Die Weimarer Reichsverfassung stärkte das Reich weiter gegenüber den Gliedstaaten. Schon die demokratische Legitimation der Staatsgewalt des Reiches durch das Deutsche Volk[27] ließ den Gedanken an einen Bund der Einzelstaaten als fernliegend erscheinen. Die Verfassung erwähnte das Bundesstaatsprinzip nicht, sondern überließ dessen Begrün-

---

20 *Ernst Rolf Huber*, Das persönliche Regiment Wilhelms II., in: E.-W. Böckenförde, Moderne Deutsche Verfassungsgeschichte (1815–1918), 1972, S. 282 ff.; *ders.* (FN 19), S. 329 ff.

21 Art. 60, 63 f. und 66 Verfassung des Deutschen Reichs vom 16. April 1871, abgedruckt bei: Schuster (FN 14), S. 147 ff.; *Thomas Nipperdey*, Deutsche Geschichte 1866–1918, Band II, 1992, S. 202 ff.

22 Näher: *Dreyer* (FN 10), S. 245 ff.

23 Zur „Kanzlerdiktatur" *Huber* (FN 19), S. 131 ff.

24 Vgl. *Klaus Flemming*, Entwicklung und Zukunft des Föderalismus in Deutschland, 1980, S. 53 ff., 70 ff.

25 *Paul Laband*, Das Staatsrecht des Deutschen Reiches, Band I, 1876, S. 88; dazu *Marcus Pleyer*, Föderative Gleichheit, 2005, S. 76 ff.

26 Zur Bedeutung dieses Satzes *Christoph Gusy*, Die Weimarer Reichsverfassung, 1997, S. 5 ff.

27 Präambel und Art. 1 WRV, abgedruckt bei Schuster (FN 14), S. 179.

dung der Staatsrechtslehre[28]. Die Länder mussten um die Anerkennung ihrer Staatlichkeit kämpfen[29], die Homogenitätsklausel des Art. 17 WRV beschränkte ihre Verfassungsautonomie. Die Befugnisse des Reiches in Gesetzgebung, Verwaltung, Rechtsprechung sowie in der Finanzordnung, verdeutlicht insbesondere in der Steuerhoheit, ließen keinen Zweifel an seiner Vormachtstellung gegenüber den Ländern[30]. Nicht ohne Grund sprach *Smend* 1928 von „der starken sachlichen Unitarisierung des Reichs“[31], *Thoma* 1930 treffend von „einer singulären bundesstaatlichen Rechtsordnung des labilen Föderalismus“[32]. Die Labilität erleichterte den Nationalsozialisten zunächst die Gleichschaltung[33] und dann die faktische Auflösung[34] der Länder.

IV. Bundesstaat des Grundgesetzes

1. Ursprünge. Nach dem Zweiten Weltkrieg errichteten die Alliierten die deutschen Länder wieder und sorgten für eine bundesstaatliche Ordnung[35]. Die Staatswerdung der Bundesrepublik Deutschland und der Deutschen Demokratischen Republik erfolgte nicht maßgebend von den Ländern als dezentralen Einheiten her, sondern wurde von den Alliierten zentral gesteuert. Soweit den Ländern Befugnisse zukamen, war die Stellung ihrer Exekutive beherrschend. Die Ministerpräsidenten waren auf deutscher Seite die Entscheidungsträger. Sie blieben es bis zur Gründung der Bundesrepublik und dem Inkrafttreten des Grundgesetzes[36]. Die Vorgeschichte des Grundgesetzes begann am 1. Juli 1948 in Frankfurt mit der Konferenz, zu

---

28 Umfassend *Richard Thoma,* Das Reich als Bundesstaat, in: Anschütz/Thoma, Handbuch des Deutschen Staatsrechts, Band I, 1930, S. 169 ff. sowie *Ernst Rolf Huber,* Deutsche Verfassungsgeschichte seit 1789, Band 6, 1981, S. 55 ff.

29 Bejaht von *Thoma,* ebd., S. 177, verneint von *Gerhard Lassar,* Die verfassungsrechtliche Ordnung der Zuständigkeiten, in: Anschütz/Thoma, Handbuch des Deutschen Staatsrechts, Band I, 1930, S. 301 ff. (321) jeweils mit weiteren Nachweisen.

30 *Kurt Düwell,* Zwischen Föderalismus, Unitarismus und Zentralismus, Reichsreform und Länderneugliederung in der Weimarer Republik, in: Janz u. a. (Hrsg.), Zentralismus und Föderalismus im 19. und 20. Jahrhundert, 2000, S. 215 ff.; *Huber* (FN 28), S. 55 ff.

31 *Rudolf Smend,* Verfassung und Verfassungsrecht, 1928, S. 168, neu abgedruckt in: *ders.,* Staatsrechtliche Abhandlungen, 3. Aufl. 1994, S. 119 ff. (269).

32 Ebd., S. 177.

33 Vorläufiges Gesetz zur Gleichschaltung der Länder mit dem Reich vom 31. März 1993, RGBl. I S. 153; Zweites Gleichschaltungsgesetz vom 7. April 1993, RGBl. I S. 173.

34 Gesetz über den Neuaufbau des Reiches vom 30. Januar 1934, RGBl. I S. 34; Gesetz über die Aufhebung des Reichsrates vom 14. Februar 1934, RGBl. I S. 89.

35 Zu den einzelnen Neugründungen *Michael Stolleis,* Besatzungsherrschaft und Wiederaufbau 1945–1949, in: Isensee/Kirchhof (Hrsg.), HdbStR, Band I, 3. Aufl. 2003, § 7.

36 *Stolleis* (FN 35), § 7 Rdnr. 67.

der die Ministerpräsidenten von den drei westlichen Militärgouverneuren einbestellt wurden. Nicht Abgeordnete aus den Ländern, sondern die Ministerpräsidenten verhandelten mit den Alliierten. Sie entschieden über die Modalitäten der Arbeit des Parlamentarischen Rates, und sie beriefen den Konvent von Herrenchiemsee ein[37]. Es waren neben Bayern vor allem die Militärgouverneure, die sich für eine Stärkung der Länderkompetenzen und gegen eine starke Bundesgewalt einsetzten. Das kam mehr als deutlich in ihrem Memorandum vom 2. März 1949 zum Ausdruck, mit dem sie in großer Schärfe und kategorisch eine weitgehende Beschränkung der Kompetenzen des Bundes in der Gesetzgebung und der Finanzverteilung forderten[38]. Schon damals warnten aber die Dekane der westdeutschen Rechtsfakultäten in einer Stellungnahme vor einem Ende der in den ersten Jahren des Kaiserreichs mühsam erarbeiteten Rechtseinheit Deutschlands und stärkten damit dem Parlamentarischen Rat, dessen Mehrheit dem Bund weitreichende Befugnisse einräumen wollte, den Rücken[39].

2. Unvollkommener Bundesstaat. Die bundesstaatliche Ordnung des Grundgesetzes zielte also von Anfang an auf eine Stärkung des Bundesgesetzgebers und der Länderexekutive. Der Blick auf die Verfassungsgeschichte hat gezeigt, dass weitreichende Gesetzgebungsbefugnisse des Zentralstaates und eine Reduzierung der eigenen Gestaltungsmöglichkeiten der Gliedstaaten die Entwicklung des Bundesstaates in Deutschland seit 1871 gekennzeichnet hat. Das deutsche Modell des Bundesstaates hat sich stets durch eine erhebliche Verflechtung der Kompetenzen von Zentral- und Gliedstaaten sowie durch das Bemühen um eine Stärkung der Kompetenzen des Zentralstaates ausgezeichnet. Es unterscheidet sich insoweit wesentlich vom Bundesstaat US-amerikanischer oder Schweizer Prägung[40]. Die bundesstaatliche Ordnung steht in Deutschland geschichtlich in untrennbarem Zusammenhang mit dem Bemühen um die Gründung und Stärkung des Nationalstaates. Nachdem 1849 der Versuch, die nationale Einigung durch eine Revolution des Volkes zu erringen, gescheitert war, führte der Weg zur Reichsgründung über einen Zusammenschluss der Fürsten von oben her. Sie verliehen dem Reich Legitimität, verkörperten aber zugleich die staatliche Vielfalt des Deutschen Bundes von 1815 und des alten Reiches, die beide als schwach und in der Epoche der Nationalstaaten auch als geschichtlich

---

37 *Stefan Fisch,* Von der Föderation der Fürsten zum Bundesrat des Grundgesetzes, in: v. Arnim u. a. (Hrsg.), Föderalismus – Hält er noch, was er verspricht?, 2000, S. 29 (37 f.); *Reinhard Mußgnug,* Entstehen der Bundesrepublik, in: Isensee / Kirchhof (Hrsg.), HdbStR, Band I, 3. Aufl. 2003, § 8 Rdnr. 33 ff.

38 *Mußgnug* (FN 37), § 8 Rdnr. 79.

39 Die Stellungnahme vom 14. März 1949 ist abgedruckt bei *Werner Soergel,* Konsensus und Interessen, 1969, S. 310.

40 Zum US-amerikanischen Föderalismus und seiner Entwicklung *Arthur B. Gunlicks,* Föderative Systeme im Vergleich: Die USA und Deutschland, in: v. Arnim u. a. (Hrsg.), Föderalismus – Hält er noch, was er verspricht?, 2000, S. 41 ff.; zur Schweiz *Dorothee Starck,* Föderalismus in der Schweiz, 1999.

überholt angesehen wurden. Sowohl der nationale als auch der demokratische Gedanke und ihre Protagonisten drängten deshalb auf eine Stärkung des Reiches auf Kosten der Einzelstaaten, die eine vergangene Zeit verkörperten, in der Deutschland im Konzert der Nationalstaaten nur eine schwache Stimme gehabt hatte. Diese Entwicklung setzte sich unter der Herrschaft von Kaiser Wilhelm II., während des Ersten Weltkrieges, nach der Niederlage in der Weimarer Republik und erst recht im nationalsozialistischen Staat ungebrochen fort. Erst die westlichen Alliierten versuchten nach dem Zweiten Weltkrieg die Länder zu stärken, stießen damit aber spätestens im Parlamentarischen Rat auf Widerstand. Nachdem deutlich wurde, dass an eine rasche Wiedervereinigung nicht zu denken war, führte der Kalte Krieg im Osten wie im Westen zu einer Stärkung der Zentralstaaten. Wirtschaftliche, soziale, partei- und verbandspolitische, bald auch außenpolitische und militärische Umstände legten in Westdeutschland ein Handeln des Bundes zumindest nahe.

Das bedeutete keine Abkehr vom Bundesstaatsprinzip, aber eine spezifisch deutsche Prägung. Sie kommt nicht zuletzt in Art. 79 Abs. 3 GG zum Ausdruck[41]. Der Ewigkeitsgarantie unterfallen die Gliederung des Bundes in Länder und die grundsätzliche Mitwirkung der Länder bei der Gesetzgebung. Dadurch gewinnt das ebenfalls auf Dauer garantierte Bundesstaatsprinzip seine konkrete Gestalt: Die Länder dürfen zwar neu gegliedert (Art. 29 GG[42]), aber nicht sämtlich aufgelöst werden. Unveränderbar gewährleistet ist auch ihr Recht auf Mitwirkung bei der Gesetzgebung, nicht aber ein in seinem Umfang garantiertes autonomes Gesetzgebungsrecht. Der Beteiligungsföderalismus ist damit entsprechend der deutschen verfassungsgeschichtlichen Tradition verfassungsrechtlich zwar nicht vorgeschrieben, aber doch vorgezeichnet[43]. Wie 1871 die Fürsten, so übten nach 1945 die Ministerpräsidenten und nicht die Landtage eine bestimmende Rolle aus. Dem entsprach die Ausgestaltung ihrer Machtposition im Bundesrat, während die Landtage auf Garantien ihrer Gesetzgebungsbefugnisse und Mitsprachemöglichkeiten auf Bundesebene hätten hinwirken müssen, um ihre eigene Stellung zu stärken.

Die Beschränkung der autonomen Gestaltungsmöglichkeiten der Landtage und die starke Stellung der Landesexekutiven waren strukturell in der deutschen Verfassungsordnung angelegt und zeichneten die weitere tatsächliche Entwicklung vor[44]. Der von *Hesse* 1962 in Aufnahme der Analyse

---

41 Vgl. *Jestaedt* (FN 9), § 29 Rdnr. 48 ff., 64 ff.

42 Zu den jüngsten – gescheiterten – Neugliederungsvorschlägen vgl. die Beiträge in: *Karl Eckart / Helmut Jenkis,* Föderalismus in Deutschland, 2001.

43 Zum Konzept des „Beteiligungsföderalismus“: *Sanden* (FN 8), S. 166 f. m. w. Nw.

44 Vgl. *Uwe Berlit,* Verfassungsrechtliche Perspektiven des Föderalismus, in: v. Arnim u. a. (Hrsg.), Föderalismus – Hält er noch, was er verspricht?, 2000, S. 63 (68 ff.).

von Smend konstatierte „unitarische“ Bundesstaat[45] ist also nicht zufällig entstanden, sondern im Bundesstaatsprinzip deutscher Prägung angelegt. Kalter Krieg und Wiederbewaffnung, Ausbau des Sozialstaates, europäische Integration und schließlich die Wiedervereinigung Deutschlands, die nicht in einem bündischen Zusammenschluss auf gliedstaatlicher Grundlage mit einer Verfassunggebung gemäß Art. 146 GG, sondern im Beitritt des ostdeutschen zum westdeutschen Zentralstaat gemäß Art. 23 GG a. F. erfolgte, haben den Prozess der Zentralisierung weiter befördert[46]. Es ist kein Zufall, dass die Verantwortung nicht nur für die Herstellung der äußeren, sondern gerade auch der inneren Einheit Deutschlands wie selbstverständlich beim Bund gesehen wird.

V. Perspektiven

Wer die bundesstaatliche Ordnung modernisieren will, tut gut daran, diese Grundlagen nicht außer Acht zu lassen. Die verfassungsgeschichtliche Vorprägung der Bundesstaatlichkeit Deutschlands hat sich zuletzt in der Bundesstaatskommission als stärker erwiesen als ökonomische Modelle eines idealen Bundesstaates oder der Versuch, die aus einer ganz anderen Geschichte entstandenen Bundesstaatsmodelle der Vereinigten Staaten von Amerika oder der Schweiz auf Deutschland zu übertragen. Besonders deutlich zeigen das die gefundenen Lösungen für eine Begrenzung der Gesetzgebungskompetenzen des Bundes, für die Zustimmungsvorbehalte zugunsten des Bundesrates und die Mischfinanzierungen, aber auch der Verzicht auf einen Neugliederungsvorschlag und eine grundlegende Reform der Finanzverfassung in Richtung auf eine Stärkung der Steuerhoheit der Länder. Die sehr zaghafte Begrenzung der Befugnisse des Bundes zu konkurrierender Gesetzgebung, wie sie etwa für Art. 74 Abs. 1 Nr. 18 GG im Entwurf des Vorschlags der beiden Vorsitzenden vom 13. Dezember 2004 enthalten war, wird man kaum als Meilenstein auf dem Weg zu einer Modernisierung des Bundesstaates ansehen dürfen[47]. Danach sollte der Bund das Recht zur konkurrierenden Gesetzgebung über „den städtebaulichen Grundstücksverkehr, das Bodenrecht (ohne das Recht der Erschließungsbeiträge) und aus dem Wohnungswesen das Wohngeldrecht, das Altschuldenhilferecht, das Wohnungsbauprämienrecht, das Bergarbeiterwohnungsbaurecht und

---

45 *Konrad Hesse,* Der unitarische Bundesstaat, 1962.

46 Vgl. dazu *Josef Isensee,* Braucht Deutschland eine neue Verfassung, 1992; *Dieter Grimm,* Verfassungsreform in falscher Hand, Merkur 1992, 1059 ff.; *Ulrich K. Preuß,* Die Chance der Verfassunggebung, ApuZG 49/1991, 12 ff.; *Ulrich Storost,* Das Ende der Übergangszeit, Der Staat 29 (1990), 321 ff.

47 Zum Nachstehenden: *Franz Müntefering,* MdB/*Edmund Stoiber,* Ministerpräsident, Vorentwurf vom 13. Dezember 2004 – Vorschlag der Vorsitzenden, Bundesstaatskommission, Arbeitsunterlage 104 – neu vom 02. 09. 2005, verfügbar unter: www.bundesrat.de.

das Bergmannsiedlungsrecht“ erhalten; seine Gesetzgebung über das Recht der Wirtschaft (Art. 74 Abs. 1 Nr. 11 GG) sollte nicht mehr „das Recht des Ladenschlusses, der Gaststätten, der Spielhallen, der Messen, der Ausstellungen und der Märkte“ umfassen. Zum Ausgleich sollten 15 Kompetenztitel des Art. 74 Abs. 1 GG vom Erforderlichkeitskriterium des Art. 72 Abs. 2 GG ausgenommen werden. Insgesamt gesehen hätte diese zaghafte Lösung die Gesetzgebungsbefugnisse des Bundes kaum beschränkt, je nach Verfassungsrechtsprechung vielleicht sogar erweitert. Auch die Ersetzung der Zustimmungsvorbehalte in Art. 84 Abs. 1 GG und Art. 85 Abs. 1 GG durch einen Zustimmungsvorbehalt für Bundesgesetze mit erheblichen finanziellen Auswirkungen für die Länder hätte bei einer Realisierung keinen großen Zugewinn an Verantwortungsklarheit und Politikentflechtung gebracht[48].

Wie könnte Deutschlands Zukunft als Bundesstaat dann aussehen? Ein realistischer Vorschlag für eine Modernisierung der bundesstaatlichen Ordnung müsste von den verfassungsgeschichtlichen und verfassungsrechtlichen Vorprägungen ausgehen. Das schließt eine einschneidende Neugliederung aus. Für sie werden sich weder die erforderlichen Mehrheiten finden lassen, noch sollte das Integrationspotential unterschätzt werden, das selbst die nach dem Zweiten Weltkrieg künstlich von den Alliierten geschaffenen und die 1990 wieder gegründeten Länder heute bieten. Die Gliederung des Bundes in die bestehenden Länder macht die Bundesstaatlichkeit Deutschlands aus. Einzelne Zusammenschlüsse zwischen Ländern wie Berlin und Brandenburg sind zwar nicht ausgeschlossen, generell ist aber der länderübergreifender Zusammenarbeit und der Einrichtung gemeinsamer Behörden sowie Gerichte der Vorzug zu geben. Sowohl die Schweiz als auch die USA zeigen, dass erhebliche Unterschiede in der Größe, Bevölkerungszahl und Wirtschaftskraft der Gliedstaaten Anforderungen an eine intelligente Staatsorganisation stellen, sie schließen eine sinnvolle bundesstaatliche Ordnung jedoch keinesfalls aus.

Die Landtage und damit die Gestaltungsmöglichkeiten der Länder könnten durch zeitlich begrenzte Abweichungsrechte in der Gesetzgebung gestärkt werden. Sie würden einen Wettbewerb der Ideen ermöglichen und Reformängste verringern. Eine dauerhafte Rechtszersplitterung wäre nicht zu befürchten, weil Wirtschaft und Bevölkerung stets auf die Übernahme erfolgreicher und die Rücknahme gescheiterter Reformversuche drängen würden. Mischfinanzierungen sind jedem Bundesstaat tendenziell inhärent.

---

48 Eine Zusammenstellung der verschiedenen, in der Kommission geäußerten Vorschläge findet sich in: „Übersicht über die Vorschläge der Sachverständigen, der Präsidenten der Landtage und der MPK zur Übertragung von Materien aus der konkurrierenden Gesetzgebung und der Rahengesetzgebung in die ausschließliche Gesetzgebungskompetenz des Bundes bzw. der Länder, Kommissionsdrucksache 85 vom 27. 10. 2004, verfügbar unter: www.bundesrat.de.

Werden sie nicht verfassungsrechtlich domestiziert, wuchern sie praeter constitutionem. Sie sollten deshalb nicht abgeschafft, sondern ihren inhaltlichen Voraussetzungen und Verfahren nach modernisiert werden. Das schwierigste Problem bildet die Mitwirkung der Länder, sprich: der Ministerpräsidenten bei der Gesetzgebung im Bundesrat. Sie wird sich angesichts der Verfassungsgeschichte und der starken Stellung der Betroffenen bei jeder Verfassungsreform nicht grundlegend verändern lassen. Denkbar wäre aber eine gewisse Beschränkung zur Erleichterung von Reformen. An die Stelle eines Zustimmungsvorbehalts könnte ein zeitlich begrenztes, vom Bundestag überstimmbares Veto treten, möglicherweise verbunden mit einem Konnexitätsprinzip zum Ausgleich finanzieller Belastungen. Eine zugleich effektive und die Interessen der Länder berücksichtigende Vertretung deutscher Interessen in Europa könnte durch Verfahrensregelungen erleichtert werden. So sollten die Ministerpräsidenten einen Europabeauftragten kreieren, der in Brüssel vertreten sein und auf der Grundlage rechtzeitiger und umfassender Informationen die Länderinteressen mit der in Brüsseler Verhandlungen erforderlichen Flexibilität über den Bund in die Entscheidungsprozesse einbringen sollte.

Eine Modernisierung des Bundesstaates ist also durchaus möglich. Sie muss allerdings stärker, als das bislang geschehen ist, die verfassungsgeschichtlichen und verfassungsrechtlichen Vorgaben in Rechnung stellen. In Deutschland wird der Bundesstaat auf der Skala vom Staatenbund zum Einheitsstaat immer relativ näher bei letzterem einzuordnen und in diesem Sinne im Vergleich unvollkommen sein. Eine Nation, die erst spät zu staatlicher Einheit gefunden hat und fast eine halbes Jahrhundert geteilt war, misst der Einheit des Zentralstaats im Zweifel ein höheres Gewicht bei als bundesstaatlicher Vielfalt. Dem entspricht die Verschränkung der Staatsfunktionen Gesetzgebung, Verwaltung und Rechtsprechung zwischen Bund und Ländern sowie der fast völlige Verzicht auf die ausschließliche Zuordnung bestimmter Lebensbereiche zur Hoheitsgewalt der Gliedstaaten. Eine grundlegende Reform im Sinne eines völligen Umbaues des Bundesstaates zu erwarten, wäre unrealistisch, letztlich auch unhistorisch. Eine Versteinerung der bundesstaatlichen Ordnung mit allen Nachteilen für die politische Willensbildung ist aber auch nicht unvermeidbar. Vielmehr sind kleinere Korrekturen im bundesstaatlichen Parallelogramm der Kräfte mit einiger Anstrengung und gutem Willen der Beteiligten vorstellbar. Auch hier gilt, dass stets das Bohren dicker Bretter mit der nötigen Geduld geboten ist, will man ein ehrgeiziges, aber auch lohnendes Ziel wie die Modernisierung des Bundesstaates erreichen.